Klaus Bertelsmann

DER WEG ZUM MEDITATIVEN ZEICHNEN

Ein Werkbuch

Christophorus-Verlag Freiburg

Für Judith

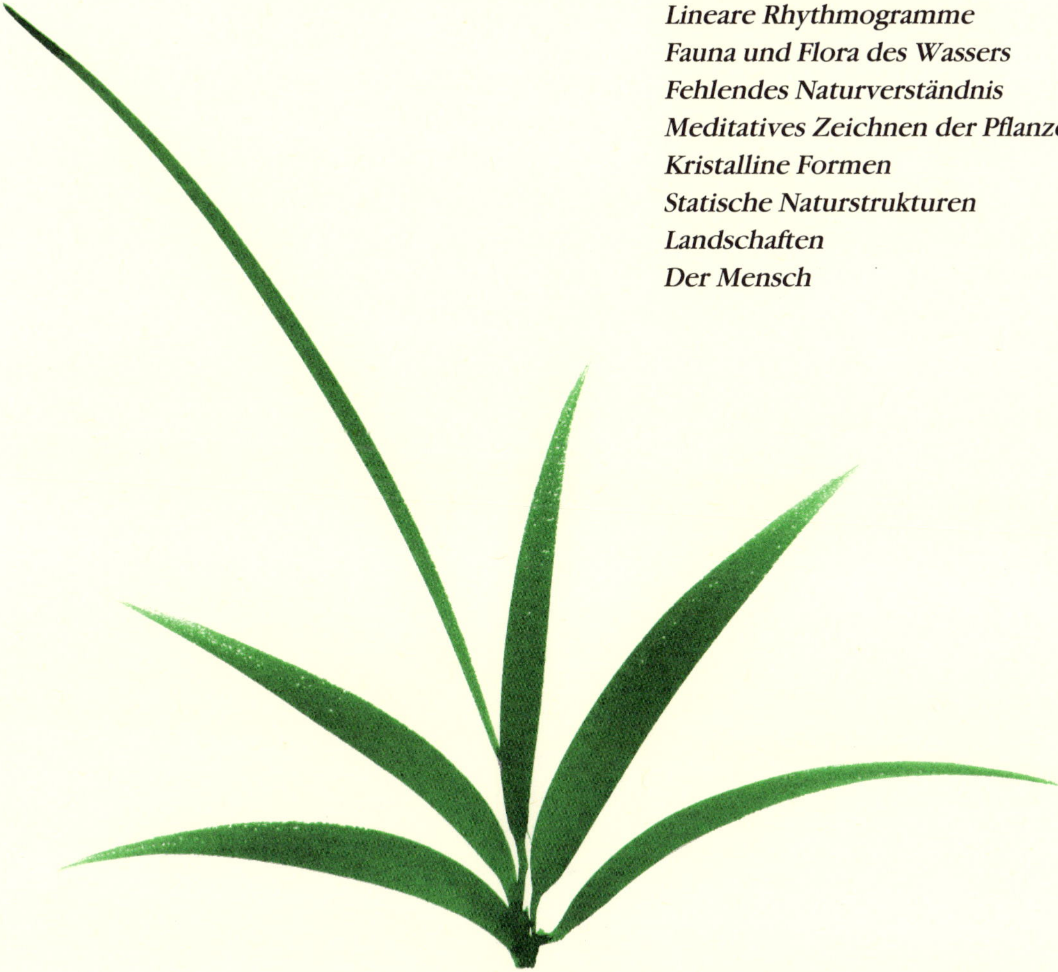

INHALT

EINFÜHRUNG

Die in diesem Buch vorgestellten Übungen sind ein Weg zur inneren Erfahrung der Natur, und sie schaffen die Voraussetzung für bildnerisches Gestalten, das sich nicht in der äußerlichen Reproduktion erschöpft, sondern den Kern, das Wesenhafte der Erscheinungen erreicht.
Meditatives Zeichnen macht uns mit den universalen Gesetzmäßigkeiten vertraut, die das Maß des Natürlichen bestimmen.
Dem Zeichnen geht eine Folge von Konzentrationsübungen voraus: Wir befreien uns von Verkrampfungen und Zwängen. Dies ist eine Vorbedingung für die Regeneration unserer Gestaltungsfähigkeit. In dieser Losgelöstheit lernen wir das Charakteristische einer Naturform zu verstehen. Wir können ihre Entstehung in der bildnerischen Arbeit nachvollziehen. Zugleich können wir im Einklang mit der meditierten Naturform unseren Körperausdruck, unsere geistige Verfassung aufbauen, ordnen, stabilisieren oder dynamisch lockern und entspannen.
Die absolute Konzentration auf den Formausdruck des Natürlichen ist gleichzeitig Konzentration auf den eigenen unverfälschten Lebensrhythmus. Die meditativen Zeichenübungen können uns also auch helfen, geistige Unabhängigkeit und Ruhe einzustellen. Die so gefundene Seinsmitte spiegelt sich wiederum in der spontanen Selbstverständlichkeit der Zeichnung. In diesem Buch werden auch negative zeichnerische Beispiele gezeigt. Es sind Bilder, die, ohne meditative Übung entstanden, den Verlust jeder Sensibilität für das Maß des Natürlichen dokumentieren.
Alle Formen der Natur lassen sich auf senkrecht-waagrechte, diagonale und konkav-konvex gebogene Linienverläufe zurückführen. Das gleiche gilt übrigens auch für unsere technischen Konstruktionen. Das jeweils vorherrschende Formsystem prägt auch die ästhetische Wirkung des Weltausschnitts. Im Gegensatz zur Sterilität unserer künstlichen Umwelten weist die Natur jedoch in allen Erscheinungen Asymmetrien als spannungsvolle Abweichungen auf, die dem dominanten Formsystem zugeordnet sind. Diese schaffen zugleich die Übergänge und Verbindungen zu gegensätzlichen Formsystemen: Formballung gegen Formauflösung, Bogen gegen Gerade, glatt gegen rauh etc.
Paul Cezanne hat seine Malerei einmal als „Harmonie parallel zur Natur" bezeichnet. Damit hat er die selbstverständliche Sicherheit gemeint, mit der ein Kunstwerk aus der Verbindung von Naturerfahrung und subjektiver Intuition seines Autors entstehen kann.
Der Vergleich zwischen dem „Rhythmogramm" (näher erläutert auf Seite 21) einer Pflanze oder eines Berges, der Bewegungslinie eines menschlichen Körpers und der im Einklang mit dem Rhythmus des Natürlichen entstandenen bildnerischen Arbeit, macht dieses Phänomen der Übereinstimmung deutlich, – trotz der Selbständigkeit des einzelnen Werkes. Sie reicht über Medien, Techniken, stilistische Kategorien hinweg, und sie ist unabhängig von geographischen und historischen Voraussetzungen. Zum Beweis würde ich dem Oeuvre Cezannes eine Zen-Malerei, einen griechischen Tempel, eine Skizze Rembrandts,

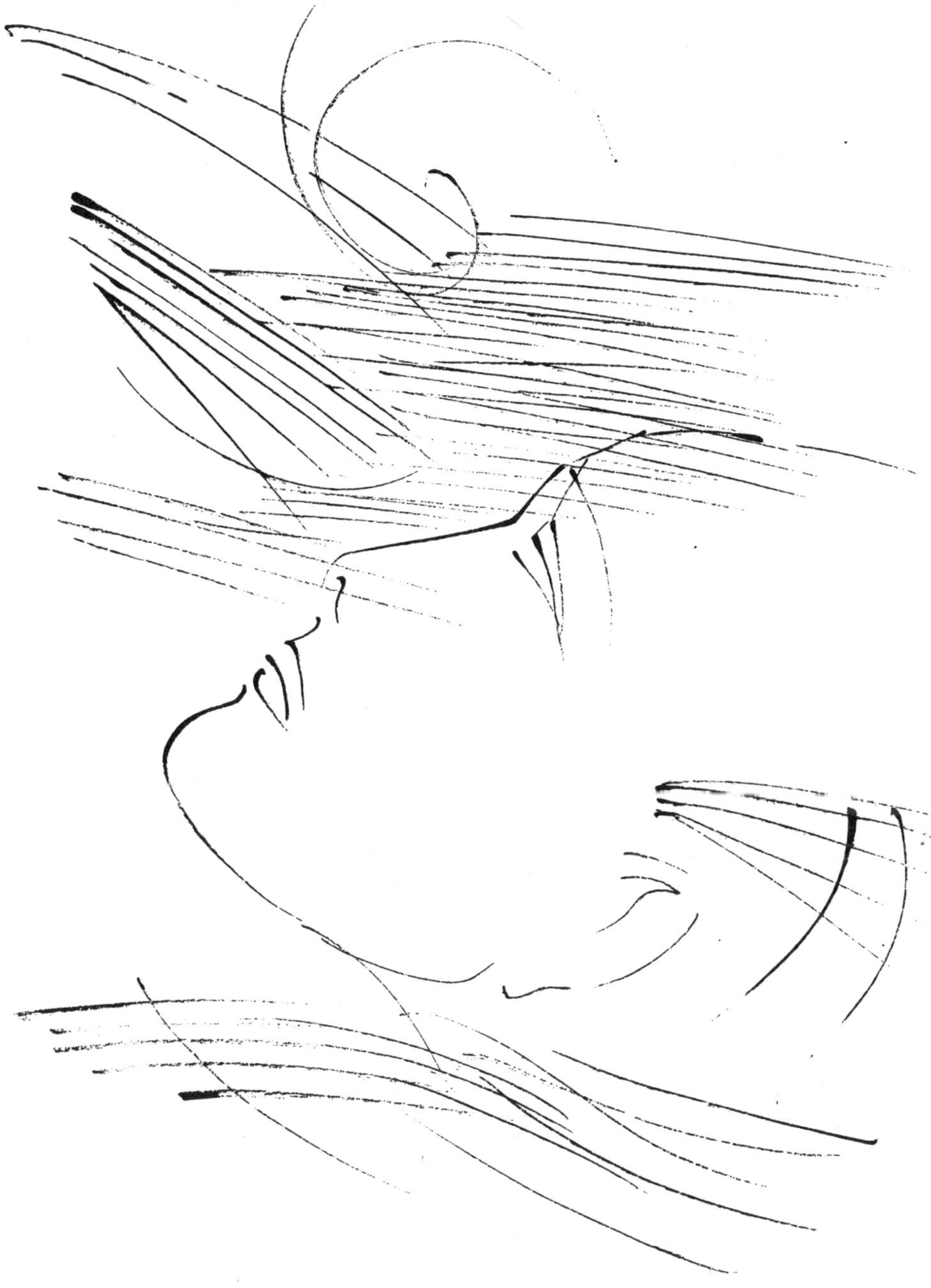

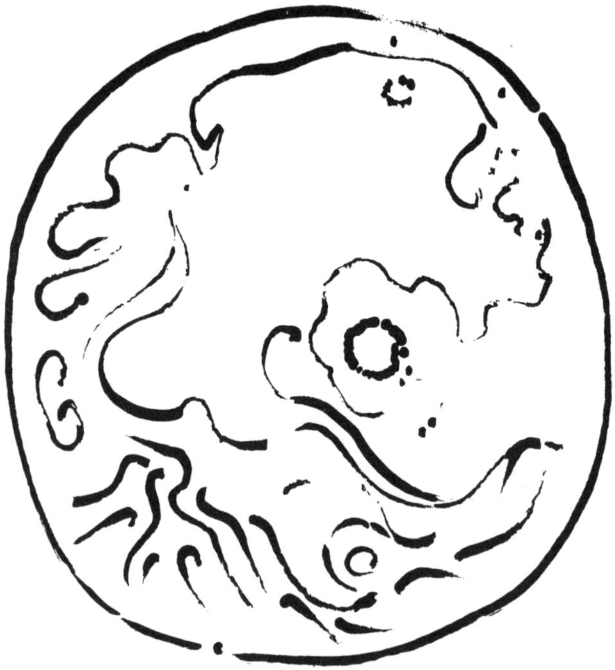 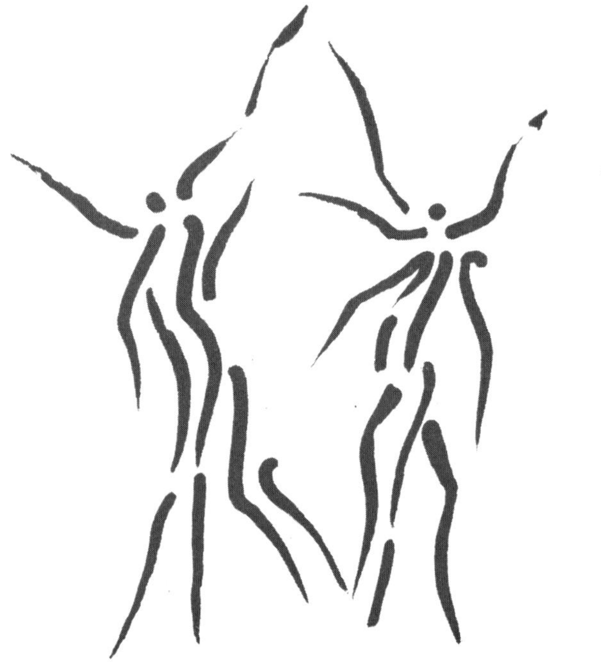

ein Venedig-Aquarell von William Turner, die Skulptur einer Liegenden von Henry Moore, aber auch ein Portrait von Francis Bacon hinzufügen wollen.
Allerdings ist dieser vitale Einklang von Naturform und menschlicher Artikulation in unserem Kulturkreis nicht die Regel. Dennoch: Bis in die feinsten Verästelungen der Sekundärwelten hinein ist und bleibt die Natur die materielle und ästhetische Basis, die Quelle für menschliche Kreativität.
Dies betrifft die Dimension der großen künstlerischen Leistung, aber auch – und dies interessiert im Zusammenhang mit einem Buch über meditatives Zeichnen besonders – alle anderen Ausdrucks- und Lebensformen.
Unmittelbare Naturberührung, zu der das meditative Zeichnen eine Brücke schlägt, wird als elementarer Ausgleich zu den hochspezialisierten beruflichen und sozialen Anforderungen unserer Gesellschaft in Zukunft immer größere Bedeutung gewinnen.
Über die folgenden Seiten will ich Sie allmählich zum Kern komplexer Wahrnehmungen zurückführen. Dafür ist die wichtigste Vorbedingung, daß Sie in freundlicher Offenheit die in den Übungsmodellen gezeigten Urgesten der Natur als Vorerfahrung annehmen.

ORIONNEBEL – MENSCHLICHE BEWEGUNGSBILDER
Universale Gesetzmäßigkeiten bestimmen den Formausdruck des Natürlichen: oben links das

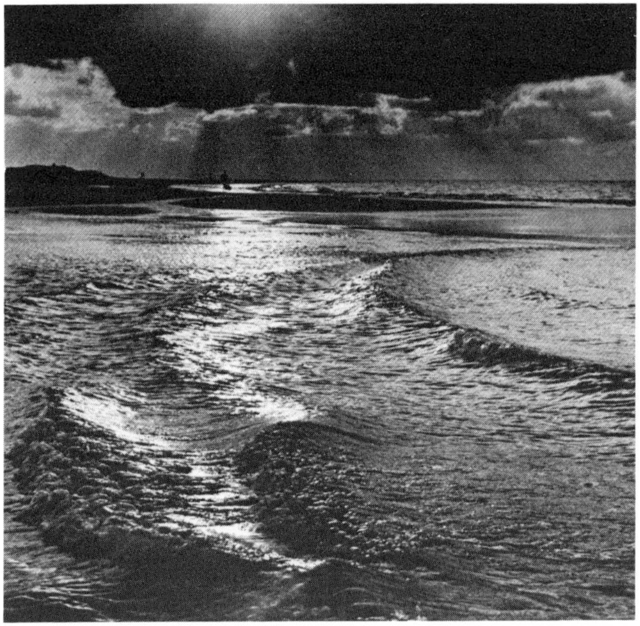

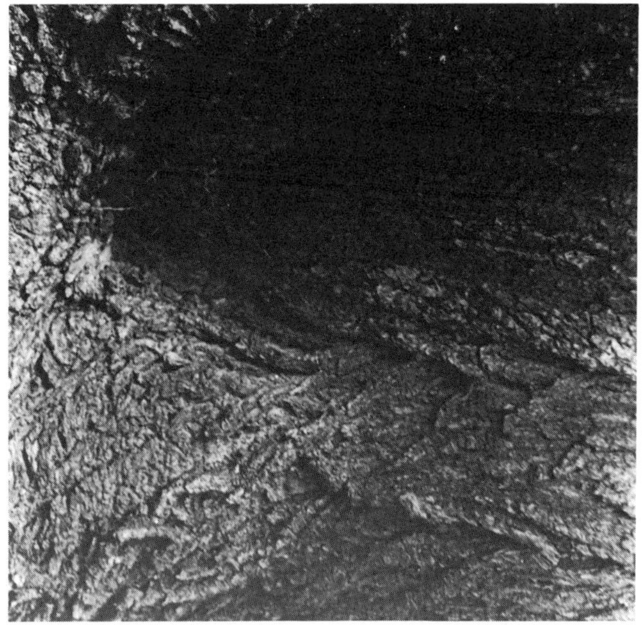

Rhythmogramm des Orionnebels, oben rechts menschliche Bewegungsbilder. Alle Ausdrucksmuster des Menschen haben ihre Entsprechung in der Natur; gleichzeitig wird der Mensch durch seine Umwelt beeinflußt, geprägt. Durch das meditative Eintauchen in kosmische Gesetzmäßigkeiten können wir uns von negativen Umwelteinflüssen befreien, die uns mit der Entfremdung von uns selbst bedrohen.

MEERESLANDSCHAFT – BAUMSTRUKTUR
Auch hier zeigt sich identische Formrhythmik in verschiedenen Materialisationen: ein Beispiel für die rhythmische Einheit des Universums. Ein weiteres Beispiel für den Formkanon des Natürlichen: eine von Wind und Wasser geschaffene Düne (Abbildung unten). Das Rhythmogramm zeigt, vom Schema der konvexen Wölbung ausgehend, die vitale Divergenz der Formsilhouette und der Oberflächenstrukturen.

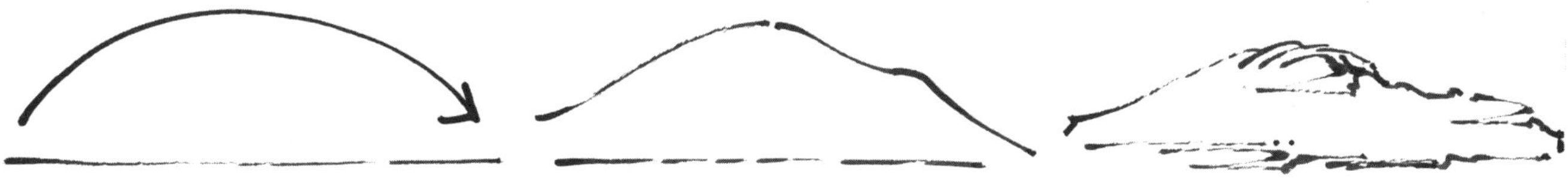

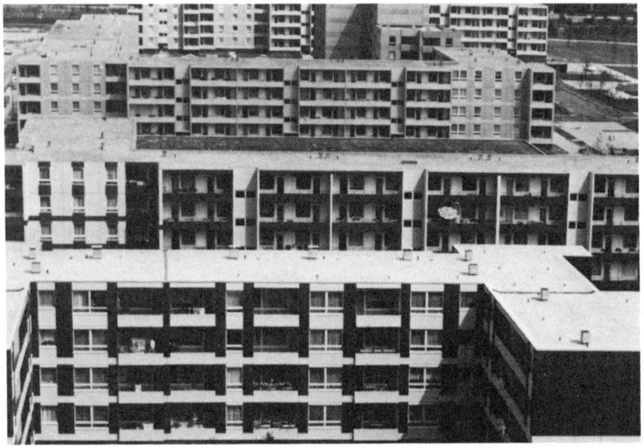

NATURENTFREMDUNG AM BEISPIEL ARCHITEKTUR

Alle technischen und ästhetischen Entwicklungen des Bauens gehen ursprünglich auf Naturerfahrungen des Menschen zurück. Schon die formale Tatsache, daß zwischen einer gerippten Muschelschale und einem Wellblech, zwischen der Gestalt eines Fisches und einer Stromlinienverkleidung wenig Distanz besteht, bestätigt dies. Der überall sichtbare geistige Absprung von unserer natürlichen Basis in die Leere des Künstlichen ist bedenklich.
Das Maß des Natürlichen findet sich nur in wenigen modernen Bauten; es ist den Gesichtspunkten brutaler Zweckmäßigkeit gewichen. Eine Häufung von Quadern konnte so unser heutiges Stadtbild bestimmen. Es ängstigt uns, es bedrückt uns, es schüchtert uns ein. Im Vergleich mit natürlichen Umwelten erweist sich die „funktionale Klarheit" moderner Rasterarchitektur oft als phantasielose Verödung. Die senkrechten und waagrechten Fluchtlinien der Gebäude werden – abgesehen von perspektivisch bedingten diagonalen Verjüngungen – durch keinerlei Variation unterbrochen, wie auch das Beispiel links deutlich macht. Es fehlt die Kurve, der organische Gegenpol.
Die Silhouetten der Baukörper wirken abgeschnitten, sie kommunizieren nicht mit dem Raum. Größere Baueinheiten greifen die natürlich gegebenen Geländeformationen nicht auf. Eine Architektur von betonierter Uniformität scheint auch die Lebensabläufe ihrer Bewohner zu programmieren. Wenn Architektur immer die Hülle einer geistigen Vorstellung ist, wie Rudolf Steiner es formulierte, haben wir Grund zum Erschrecken. Dies in besonderem Maße dort, wo sich die Trivialität einer technischen Ästhetik mit hohem künstlerischen Anspruch präsentiert.
Dabei ist es nicht beruhigend, daß sich die Bewohner der Städte auch dort, wo sie nicht ohnmächtig ausgeliefert wären, offenbar mit ihrer Umwelt arrangieren. Dies zeigt, daß der Widerstand gegenüber den auf lange Sicht zerstörenden Umwelteinflüssen in einem Anpassungsprozeß erlischt, der auch zur Lähmung der eigenen Kreativität führt. Die immer größeren technischen Möglichkeiten des Bauens und der Umweltplanung müssen auch zu angemessenen gestalterischen Lösungen führen.
Nur die bewußte Orientierung am Maß der Naturformen kann helfen, die Voraussetzungen für eine Zukunftsarchitektur zu schaffen, die dem Menschen als Naturwesen angemessen ist. Die Abbildung rechts demonstriert den Unterschied zwischen natürlichen und künstlichen Umwelten, das Höhenwachstum der Pflanze und die vielfältig kontrastierenden, den Raum durchstellenden Formsysteme.

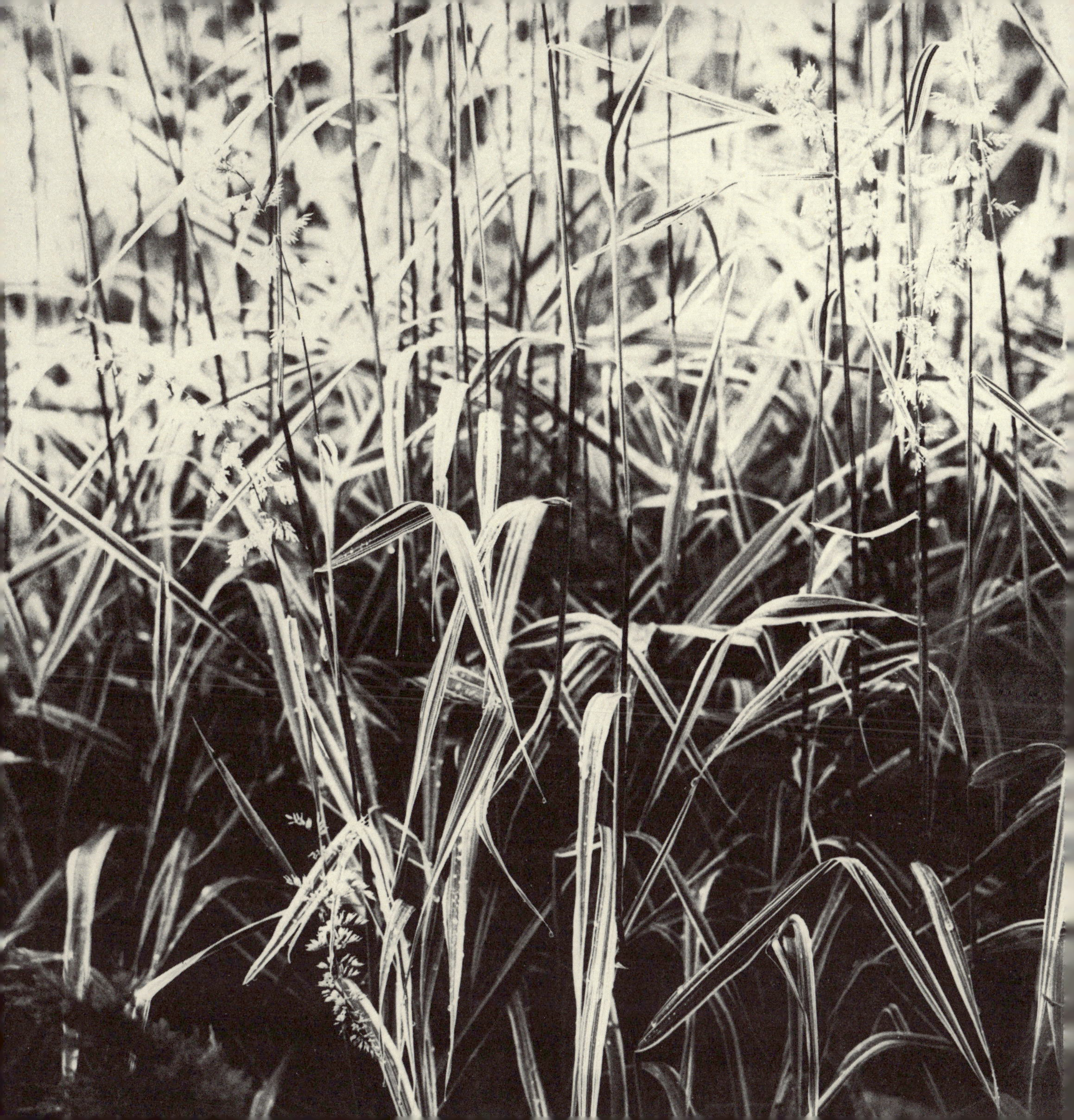

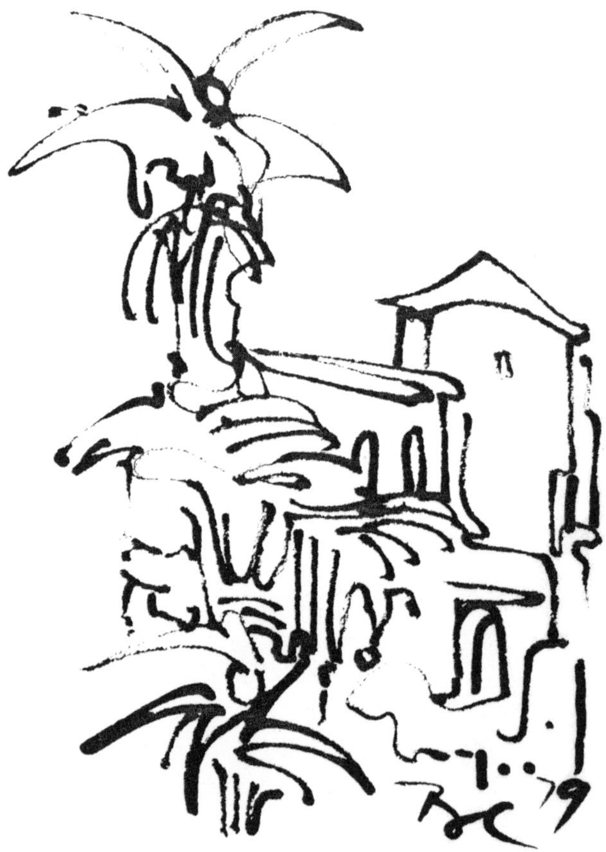

KUNST UND NATUR

Die europäische Kunst war und ist in hohem Maße befangen in den ehrgeizigen individuellen Abgrenzungen durch ihre Vertreter. In der Stilisierung der Natur sind sie teilweise so weit gegangen, daß deren Größe, Schönheit und Vitalität zum Alibi der eigenen Bedeutungsansprüche degradiert wurden. Die ästhetische Entdeckung der Natur hat meines Erachtens in unserem Kulturkreis noch kaum begonnen. Vom Versuch der Reproduktion äußerer Erscheinungsbilder über die Abstraktion einzelner Formelemente bis zur angeblichen Erfindung einer autarken Natur des Bildes, scheinen sich unsere Kunstentwicklungen in ständiger Konfrontation zur natürlichen Welt behaupten zu wollen, also in der Be- oder Überwältigung von Natur, in ihrer beliebigen Interpretation und Wertung.
Einem kontemplativen und nicht auf agressive Spaltung gerichteten Naturverständnis folgend, könnte die willkürliche und absurde Trennung zwischen Natur und Kunst, Lebensursprung und menschlicher Gestaltung aufgehoben werden. Der Künstler würde so einen unschätzbar wertvollen Beitrag zur Welterklärung leisten, der von keiner wissenschaftlichen Disziplin zu erwarten ist.

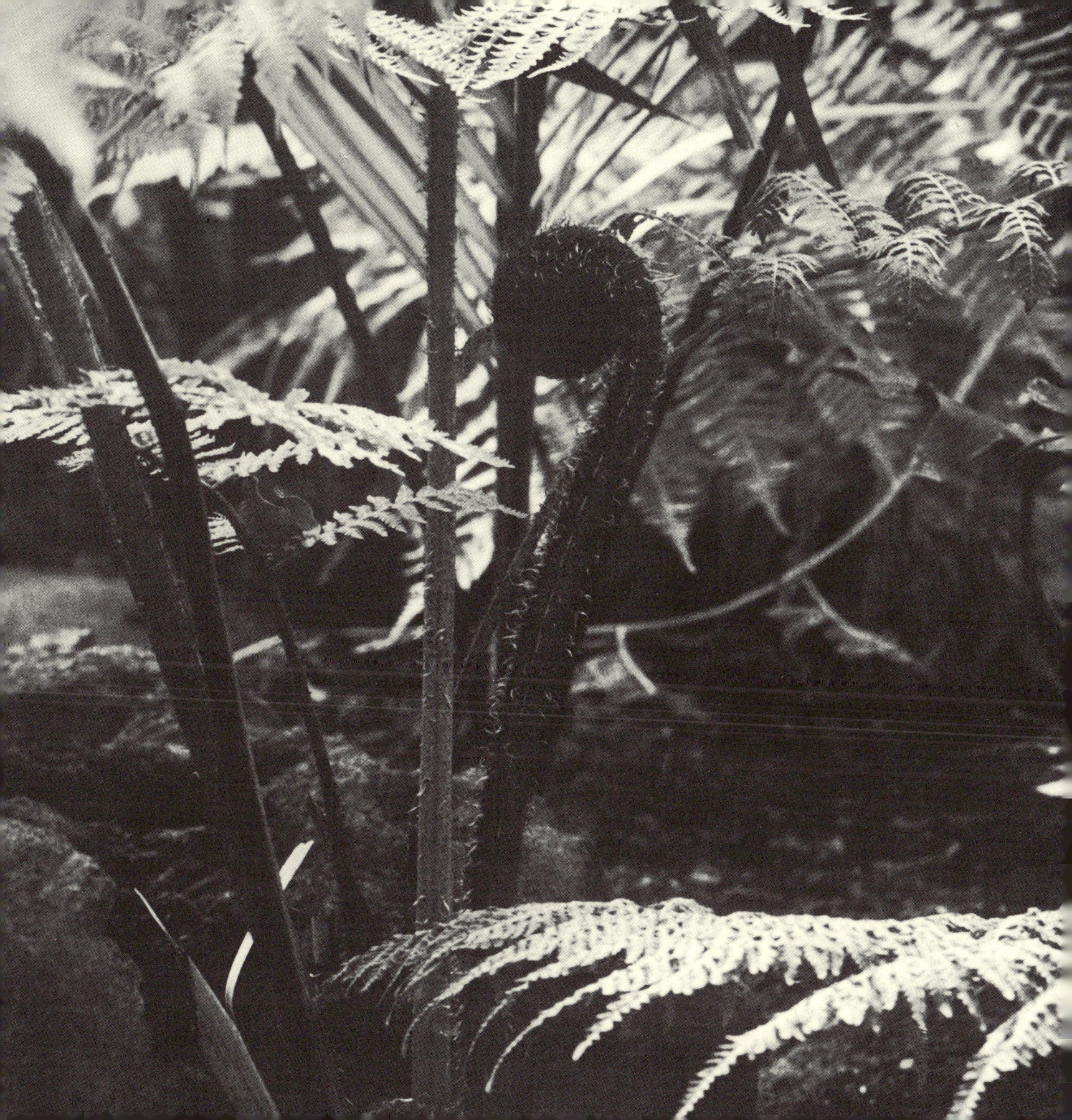

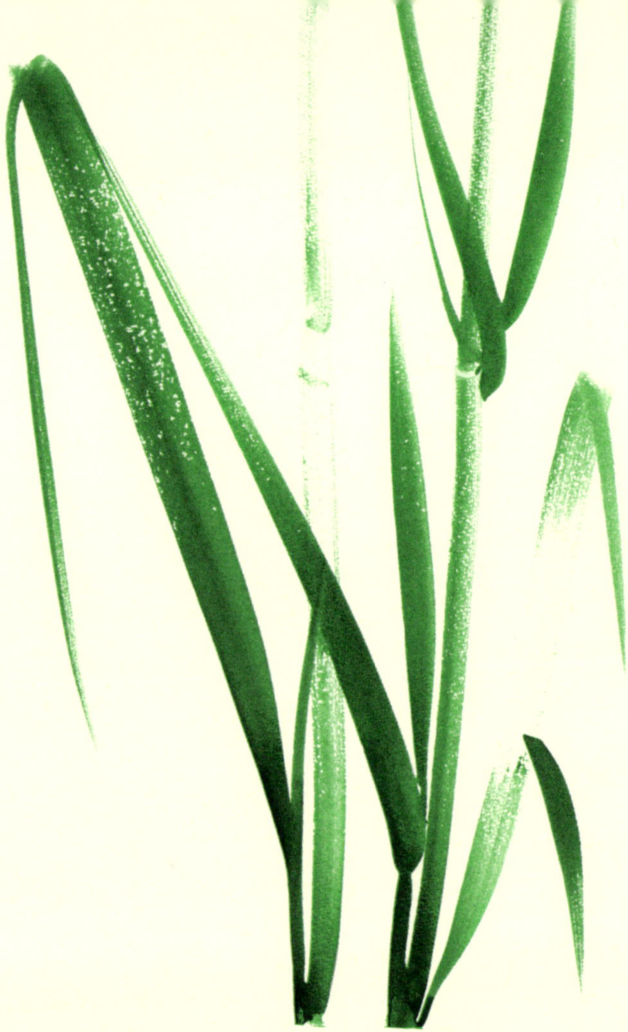

FORTSCHRITT UM JEDEN PREIS?

Noch immer werden die technisch-wissenschaftlichen Entwicklungen dieses Jahrhunderts als befreiende Loslösung von der Natur gefeiert und mißverstanden. Entsprechende materielle Wertvorstellungen haben dazu geführt, daß in den Industrieländern Millionen von Menschen in Gefahr sind, jede echte Beziehung zur Natur und damit auch ihre Sensibilität für das Maß und die Schönheit der Naturformen zu verlieren.

Naturerfahrung schrumpft zur nostalgisch sentimentalen Dekoration des eigentlichen zivilisatorischen Alltags. Die Sterilität moderner Architektur und Innenraumgestaltung, eine allgemeine Ausdrucksverarmung sind Folgen dieser Entwicklung.
Immer seltener wird die Natur als das die eigene Existenz untrennbar einschließende Ganze erlebt. Wir müssen jedoch zu einem tieferen Naturverständnis zurückfinden oder es sogar zum ersten Mal erwerben. Unsere Bildungsprogramme enthalten zur Zeit wenig oder gar nichts an Vorschlägen, wie ein anderes Naturverständnis über die theoretische Einsicht hinaus zu fördern wäre. Meditativer Naturerfahrung wird bisher nicht der gleiche Rang eingeräumt wie der Analyse ihrer Stoffe.
Weder gesellschaftliche Umschichtungen noch politische Programme können eine Veränderung dieser Situation herbeiführen, weil das gegenwärtige Verständnisniveau der Betroffenen dem entgegenstünde. Der einzelne ist aufgefordert, der eigenen Empfindungsfähigkeit zu vertrauen, seine gestalterischen Kräfte aus dem Ursprünglichen neu zu formieren. Die Übungen des meditativen Zeichnens und die damit verbundenen Wahrnehmungsvorgänge sollen dazu beitragen.

„Wenn wir von Zeit zu Zeit durch die Fenster unseres Laboratoriums auf den Lauf der Welt schauen, wächst unsere Verzweiflung über das, was wir dort beobachten. Die Welt scheint von einer schnell um sich greifenden Krankheit befallen zu sein, die sich inzwischen global ausgebreitet hat. Beim einzelnen manifestieren sich diese Symptome der Störung im Verfall seiner Fähigkeiten, etwas zu erfassen. Es sieht so aus, als seien wir in einer Welt aufgewachsen, die wir eher aus Beschreibungen anderer, als durch unsere eigenen Wahrnehmungen kennen."

(Heinz Förster, Universität Illinois, zitiert von Robert Jungk in seinem Buch „Der Jahrtausendmensch", erschienen in der Verlagsgruppe Bertelsmann, Gütersloh)

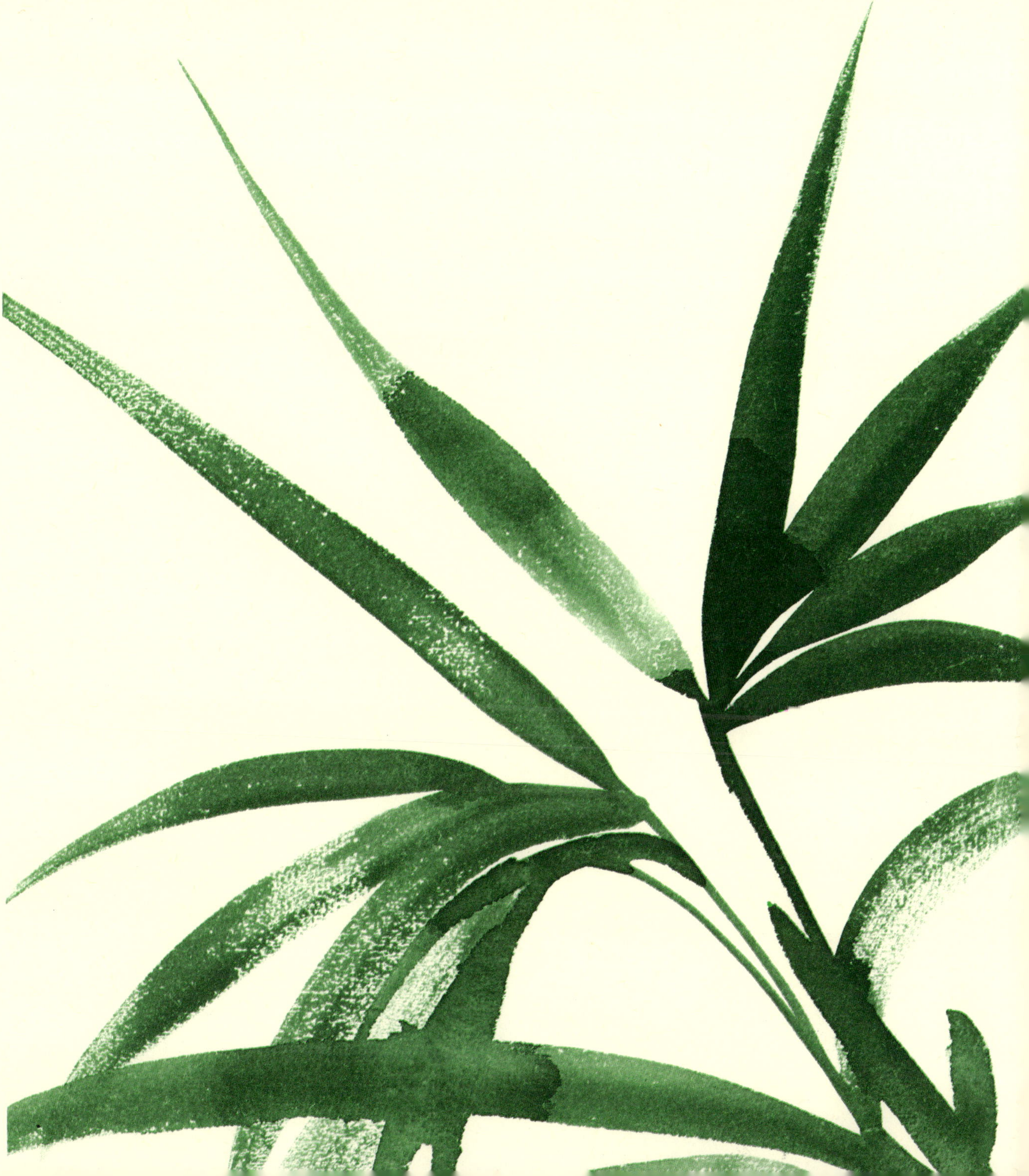

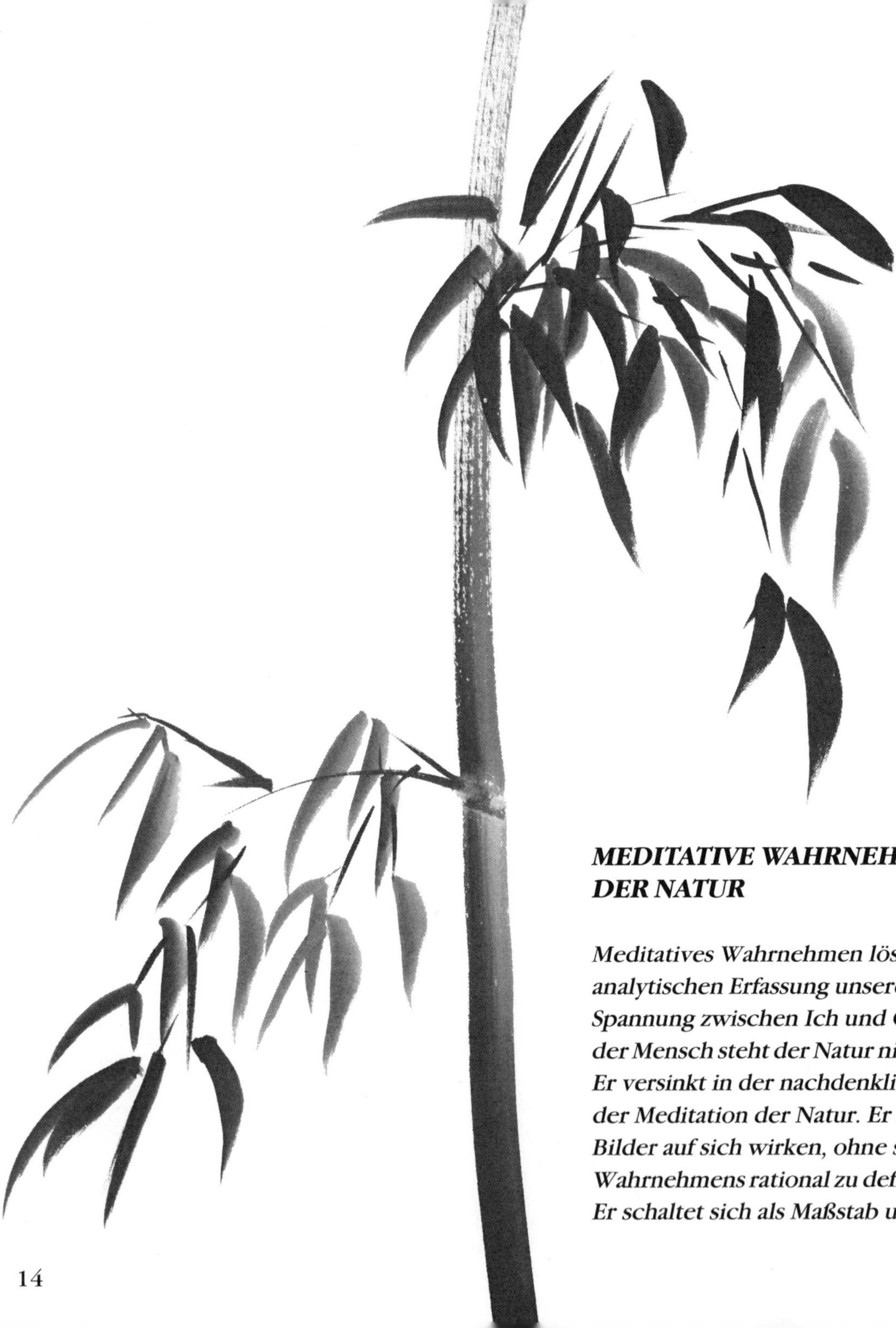

MEDITATIVE WAHRNEHMUNG DER NATUR

Meditatives Wahrnehmen löst die in der analytischen Erfassung unserer Umwelt gegebene Spannung zwischen Ich und Objekt auf. Das heißt, der Mensch steht der Natur nicht länger gegen-über. Er versinkt in der nachdenklichen Betrachtung, der Meditation der Natur. Er läßt ihre Kräfte und Bilder auf sich wirken, ohne sie im Prozeß des Wahrnehmens rational zu definieren, zu zergliedern. Er schaltet sich als Maßstab und wertende Instanz aus. Damit können zum Beispiel ein Blatt, eine Landschaft, ein Stein eine gleichwertige Bedeutung erhalten. An die Stelle gewaltsamer Ansprüche tritt die absichtslose Verbindung. Damit wird ein neues Naturverständnis eingeleitet, das die regenerative Rückbindung an die frühen Stufen unserer Existenz ermöglicht. Es kann gleichzeitig den inneren Widerstand gegen Ausbeutung und Zerstörung unserer Lebensgrundlagen mobilisieren.

MEDITATIVES ZEICHNEN DER NATURFORMEN
Einige Übungsmodelle in diesem Buch sind der geistigen Konstellation japanischer Meditationsmalerei (Zenga) verpflichtet, der ich wesentliche Impulse für meine künstlerische und pädagogische Arbeit verdanke. Zenga, als geistige Übung in die übrigen Meditationsformen des Zenbuddhismus integriert, sucht das EINS IN ALLEM – ALLES IN EINEM als Schöpfungsprinzip in den Formen der sichtbaren Welt zu erkennen. Gleichzeitig ist die durch den meditierenden Maler gesetzte Form – unabhängig vom Gegenstand – ein Gleichnis für dieses Prinzip.
Der um 520 in China begründete Zenbuddhismus gelangte im 13. Jahrhundert nach Japan, fand dort seine Blütezeit und hat die Kultur und Naturbeziehung der Japaner entscheidend beeinflußt. Zur ausführlichen Information verweise ich auf Literaturempfehlungen am Schluß dieses Buches. Die Übungsmodelle kopieren die fernöstlichen Vorbilder nicht, aber sie greifen ein über die Kulturkreise hinweg für uns alle bedeutsames Weltbewußtsein auf, aus dem wir unendlich viel lernen können.

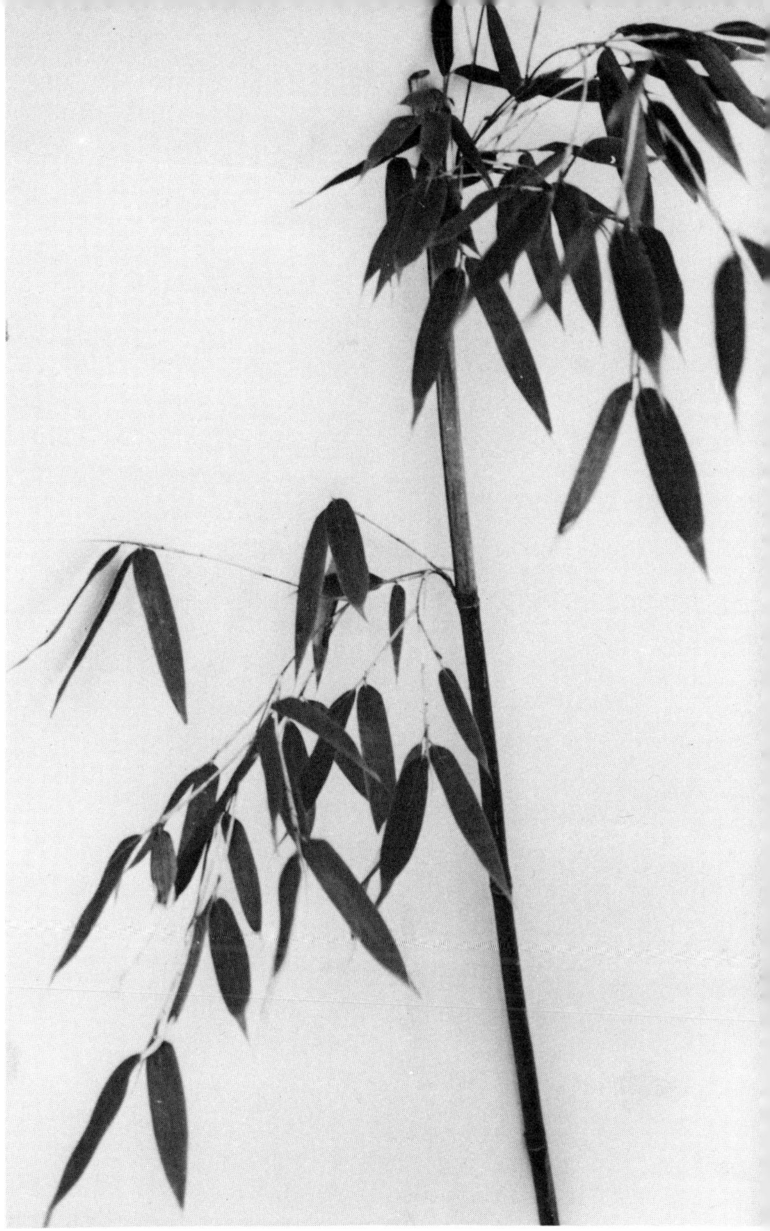

Abbildung Seite 14: meditative Pinselzeichnung, Abbildung oben: Photo derselben Pflanze

Für das meditative Zeichnen müssen wir als Medium einen Weg zu den Gesetzen suchen, die den Bau der Naturformen bestimmen. Es geht in diesen Zeichnungen, wie schon gesagt, um die meditative Verbindung mit der Natur, um die Aufhebung der Ich-Objekt-Spannung. Meditative Zeichnungen sind also keine Auseinandersetzung mit ihrem Thema, sondern eine Übung der Identifikation. Hierauf komme ich noch zu Beginn der praktischen Übungsbeispiele zurück.
In unserem Kulturkreis kommt es im allgemeinen zu einem gegensätzlichen Ablauf einer künstlerischen Arbeit. Das künstlerische Ziel wird hier nach einer Reihe von Arbeitsphasen in der Form eines Gemäldes, einer Aktion oder einer Demonstration erreicht.
Vom Augenblick der Idee bis zu ihrer endgültigen Verwirklichung besteht zwischen dem Künstler und seinem Thema ein Spannungsfeld, das nur in der Vollendung der Arbeit kurzfristig aufgehoben ist. Bei der nächsten künstlerischen Aufgabe wiederholt sich derselbe Prozeß der Anspannung und Bewältigung.
Beim meditativen Zeichnen gilt die innere Erfahrung der Natur als Voraussetzung für die Darstellung ihrer äußeren Formen. Das bedeutet, die funktionale und ästhetische Energie der Natur in der Gestaltung durch den Menschen zu erhalten, die Orientierung an den Gesetzmäßigkeiten des Natürlichen und nicht, etwa nur äußere Erscheinungen und ihre Zufälligkeiten zu reproduzieren.
Der Wechsel von energetischer Stabilisierung und Ausstrahlung, von Formkonzentration und Formauflösung, von glatt und rauh, lang und kurz, gerade und geschwungen, hell und dunkel, das Verhältnis dieser Elemente zueinander, ihre Komposition zu einem Ganzen, das alle Gegensätze bindet, kennzeichnen die Natur. Als Ursprung bleibt sie auch Zentrum unserer zivilisatorischen Peripherie, solange diese ihre Beziehung zum Natürlichen und damit zum Humanen nicht verlieren soll.
Das meditative Zeichnen setzt eine eingehende Phase des meditativen Betrachtens der Naturform voraus. Erst wenn der typische Formausdruck des Naturgegenstandes für immer zu einem inneren Bild geworden ist, kann mit dem Zeichnen oder Malen begonnen werden.
Die folgenden Übungen führen Sie zum Kern komplexer Wahrnehmungen zurück, indem sie die Bausteine optischer Wirklichkeit, den Vorgang ihrer Entstehung zur sicheren zeichnerischen Erfahrung werden lassen. Wie bereits gesagt, ist die wichtigste Vorbedingung, daß Sie in freundlicher Offenheit die in den Übungsmodellen gezeigten „Urgesten" der Natur als Vor-Erfahrung annehmen. Dies in der Gewißheit, daß nach der Phase der Vorbereitung, – des Eintauchens in Grundstrukturen der Natur – Ihre individuellen Neigungen, Ihre Kreativität alle weiteren Wege bestimmen sollen und müssen. Das Nachvollziehen der vorgestellten Rhythmogramme dient einzig diesem Zweck.
Es kann und will kein Ersatz sein für Ihre eigene unmittelbare Naturberührung.

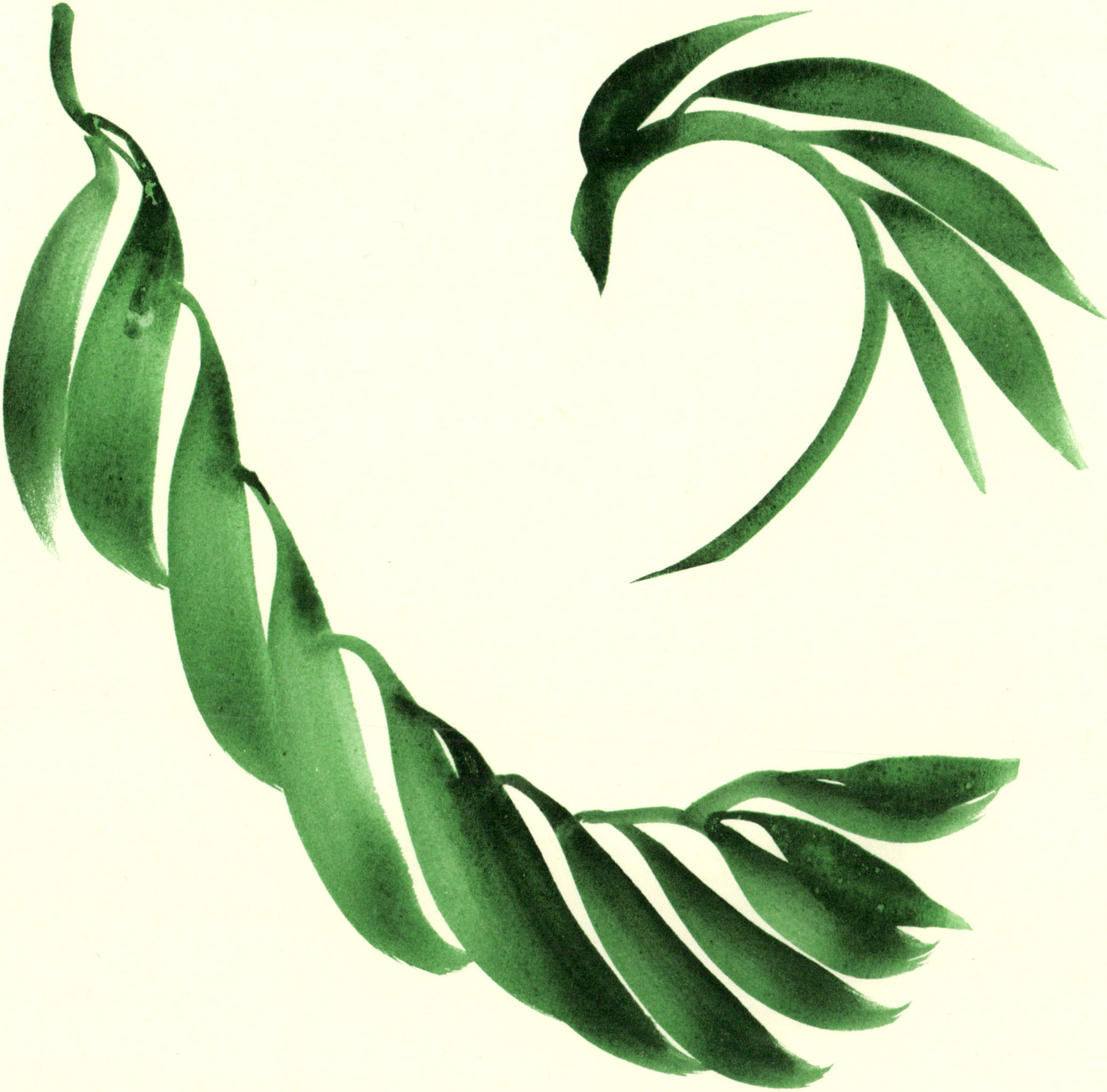

VORBEREITENDE KONZENTRATION

Meditatives Zeichnen ist nicht zuletzt auch eine Brücke zur Ruhe und Ausgeglichenheit. Es kann jedoch nur dann gelingen, wenn den eigentlichen Übungen eine Vorbereitung vorausgegangen ist, die alle störenden Einflüsse ausgeschaltet hat. Im Rahmen dieses Buches kann und will ich Ihnen nur eine einfache Übungsfolge für ein Training vorstellen, das Sie zweifellos allein, Ihrer Situation angepaßt, ausbauen und weiterentwickeln können. Auf Seite 95 finden Sie Hinweise auf Veröffentlichungen, die ausführliche Anleitungen zur meditativen Konzentration enthalten.

REIHENFOLGE DER VORBEREITENDEN ÜBUNGEN

- *Üben Sie in einem aufgeräumten Raum, in Einfachheit und Stille. Legen Sie das Zeichenmaterial in übersichtlicher Ordnung aus. Richten Sie Ihre Gedanken auf die Einstellung des körperlich-seelischen Gleichgewichts.*

- *Agieren Sie nervöse Spannungen durch körperliche Bewegung aus. Gehen Sie im Raum umher. Versuchen Sie im Ablauf des normalen Gehens die eigene Körpermitte auszubalancieren, sie als Quelle der Bewegungsenergie zu fühlen.*

- *Gehen Sie jetzt extrem langsam, extrem schnell, ganz gelockert, ohne jede Körperspannung, spannen Sie danach einzelne Muskelpartien an, gehen Sie dann immer wieder auf die Mitte normaler Körperspannung zurück.*

- *Halten Sie eine Bewegungssequenz an. Schließen Sie die Augen. Finden Sie in der jeweiligen Körperhaltung das völlige Gleichgewicht. Stellen Sie sich alle Körperhaltungen bei geschlossenen Augen als plastische Form im Raum vor.*

- *Beachten Sie immer, daß alle Empfindungen und Ausdrucksphänomene miteinander verbunden sind. Körpererfahrung, Sprache, Lautmodulation, bildnerische Mitteilungen gehorchen den gleichen Gesetzen.*

- *Stehen Sie mit festem Bodenkontakt beider Füße. Die Fußspitzen sind leicht nach außen gerichtet. Keine Stand- und Spielbeinhaltungen! Schultern und Arme sind entspannt. Stellen Sie sich (bei geschlossenen Augen) die Mitte Ihres Körpers in der Senkrechten der Wirbelsäule vor. Verstärken Sie diese Vorstellung durch die Anweisung: „Die Mitte meines Körpers ist ein fester, unbiegsamer Stab". Verlagern Sie danach um wenige Zentimeter Ihr Gleichgewicht nach rechts, und gehen Sie wieder zu völliger Ruhe zurück. Dann nach links, nach vorn, nach hinten ebenso behutsam ausschwingen, wieder zur Senkrechten, zur Mitte zurückkehren.*

- *Atmen Sie in der Ruhehaltung langsam und tief ein (Bauchatmung). Lassen Sie den Atem mit einem Summton langsam und gleichmäßig ausströmen. Geben Sie sich die Anweisung: „Die Welt trägt mich im Strom der Atmung".*

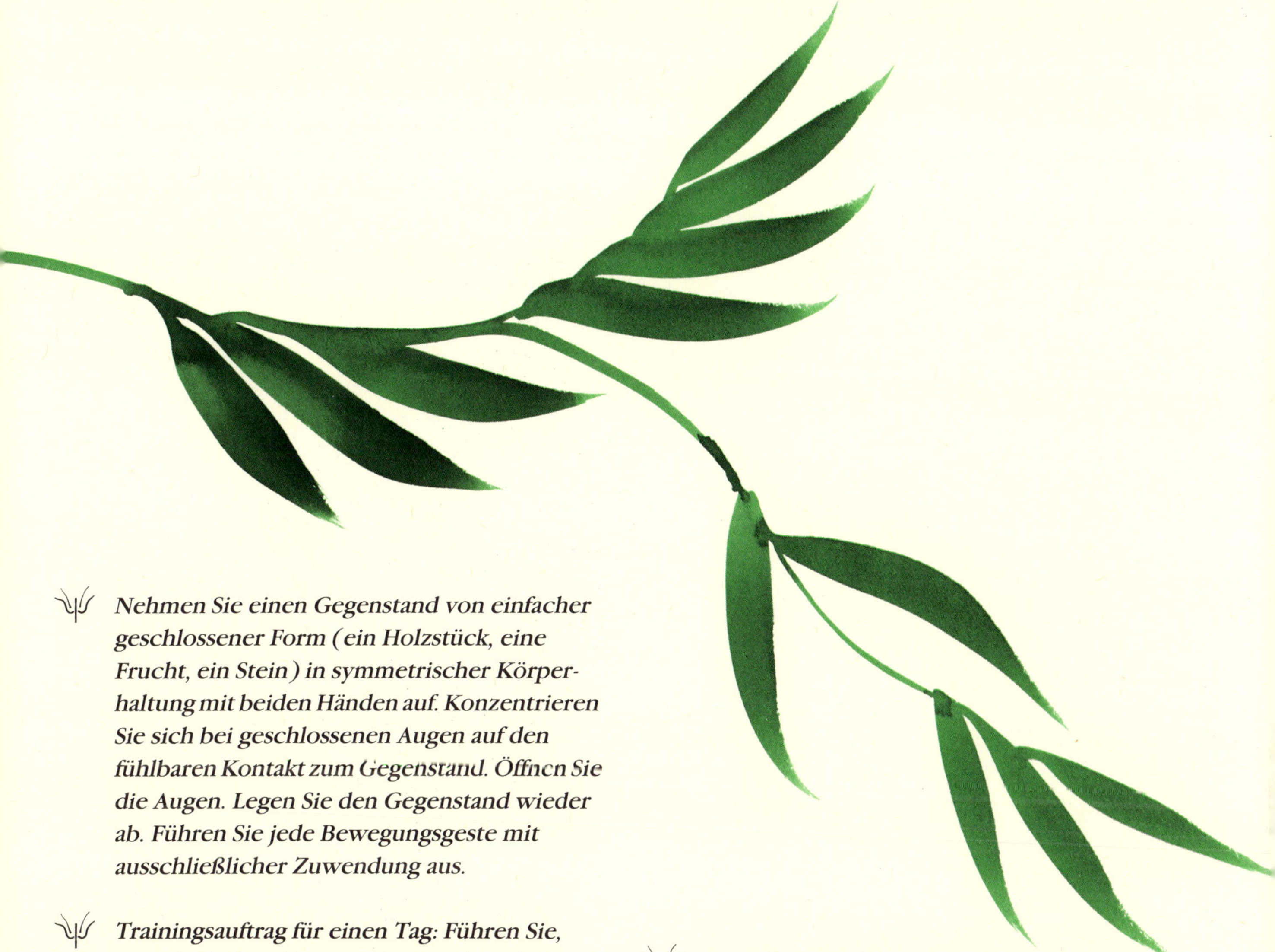

Nehmen Sie einen Gegenstand von einfacher geschlossener Form (ein Holzstück, eine Frucht, ein Stein) in symmetrischer Körperhaltung mit beiden Händen auf. Konzentrieren Sie sich bei geschlossenen Augen auf den fühlbaren Kontakt zum Gegenstand. Öffnen Sie die Augen. Legen Sie den Gegenstand wieder ab. Führen Sie jede Bewegungsgeste mit ausschließlicher Zuwendung aus.

Trainingsauftrag für einen Tag: Führen Sie, vom Aufstehen bis zum Zubettgehen, jede – wie immer triviale – Handlung und Bewegung in völliger körperlich-geistiger Zentriertheit aus. Sie gehen, Sie setzen sich hin, Sie üben eine Tätigkeit aus und sind darin zu jeder Sekunde ganz gegenwärtig, ausschließlich auf die Erfahrung dieses einen Momentes hin „gebündelt".

Betrachten Sie beispielsweise eine Katze. Sie atmet, sie streckt sich, sie läuft, sie wendet den Kopf, sie schaut Sie an. In jeder dieser Phasen lebt sie ein intensivstes Da-Sein. Denken Sie von Zeit zu Zeit an das mahnende Wort von Emile Zola: „Zwischen Vergangenheit und Zukunft gezerrt, versäumen wir nur allzuleicht die Gegenwart."

Fortsetzung Seite 20

- *Verbinden Sie Körperkonzentration und Bewegung mit entsprechenden Atem- und Stimmübungen. Sprechen Sie einzelne Wörter und Sätze, die dem Charakter der Übungen entsprechen, vom Flüstern bis zum Schrei und zurück. Setzen Sie dann in der Mitte Ihrer normalen Stimmlage wieder ein. Sprechen Sie sehr langsam, sehr schnell und dann wieder im normalen Rhythmus. Erproben Sie Spannungsbögen zwischen stimmlicher Artikulation und Stille.*

- *Und haben Sie auch Mut zum Pathos einer großen Geste, einer großen Vokabel. Versuchen Sie die Kombination von weit raumgreifenden Bewegungen (auch als Improvisation nach Musik) und stimmlicher Äußerung. Versuchen Sie, von streng reglementierten Bewegungen zu freien, fließenden Haltungen überzugehen. Versuchen Sie auch bewußt, bestimmten Verkrampfungen des eigenen Ausdrucks durch deren Gegenteil zu begegnen. Eine stark eingeschränkte, verhaltene Körpersprache, Stimme, Mimik, verlangt eine stärkere Betonung des Rhythmischen, der organisch-geschwungenen Bewegung. Fehlender Stabilität der psychischen Verfassung, der Körperhaltung kann durch strenge geometrische Figuren der Bewegung, betont aufrechte Körperhaltungen, präzise Lautbildung begegnet werden. Obwohl die Reihenfolge der vorbereitenden Übungen getauscht werden kann, sollten Sie auf das ausgewogene Verhältnis zwischen Ruhe/Konzentration und Dynamik/Expansion achten.*

MEDITATION EINER NATURFORM

Für die eigentliche Meditation von Naturformen, für das Versinken in nachdenkliche Betrachtung möchte ich Ihnen einige wichtige Empfehlungen geben, auf die ich im Verlauf der Übungsbeispiele aber noch wieder zurückkomme: Betrachten Sie die Naturform in voller Konzentration. Folgen Sie z. B. der Kontur eines Berges, der Verzweigung eines Baumes nicht nur mit den Augen, sondern mit der inneren Aufmerksamkeit Ihres ganzen Wesens.
Ein tiefer Atemzug, eine leichte Veränderung der Körperhaltung genügen dabei, um sich aufdrängende fremde Bilder und gedankliche Zerstreuungen abzuwehren. Rufen Sie danach das aufgenommene Naturbild mit geschlossenen Augen als Vorstellung zurück. Wiederholen Sie diesen Vorgang, bis Sie das Charakteristische der meditierten Form in Ihre eigene Vorstellungswelt eingefügt haben.
Zeichnen Sie dann ein Rhythmogramm der Naturform aus dem Gedächtnis. Vergleichen Sie Ihre zeichnerische Übung mit der Realität, und zeichnen Sie den typischen Formverlauf noch einmal.
***REGEL:** Von der Gesamtform zur Differenzierung!*

REIHENFOLGE DER ÜBUNGSPHASEN

- *Meditative Betrachtung der Naturform.*
- *Die Augen schließen, das Naturbild als Vorstellung zurückrufen.*
- *Die Augen öffnen, die innere Vorstellung mit der Wirklichkeit vergleichen.*
- *Stets den Umriß der Gesamtform als erstes zeichnen und üben, bis die Schwerpunkte, die durch asymmetrische Abweichungen bedingte Formspannung, auf eine Linie übertragen sind.*

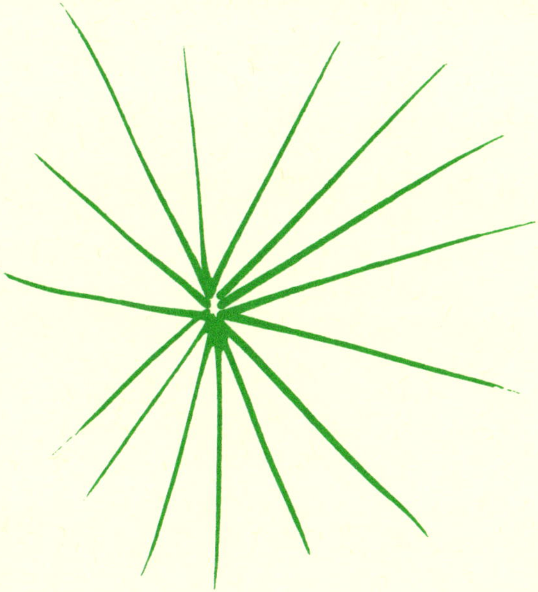

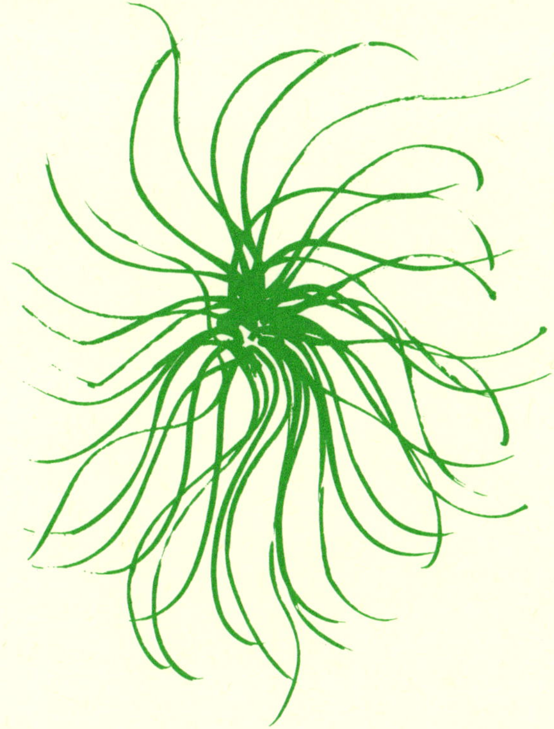

RHYTHMOGRAMM

Jede Blume, jeder Baum, jeder Berg, jede Landschaft hat eine charakteristische rhythmische Form. Diese geben Sie in der meditativen Zeichnung, verbunden mit der eigenen bildnerischen Ausdrucksfähigkeit, als RHYTHMOGRAMM wieder.
Von besonderer Bedeutung ist hier das Medium der Linie. Wir verstehen sie als Entwicklungsablauf. Das Rhythmogramm entfaltet sich aus einem Punkt der energetischen Konzentration. Im Zeichnen wiederholt sich so die Entwicklung aller Naturformen. Es handelt sich gleichsam um eine Parallelschaltung unserer geistig-körperlichen Empfindungsfähigkeit, unseres bildnerischen Vermögens. In der Praxis kann dies Schritt für Schritt zu einer beglückenden Wirklichkeit werden.
Die Abbildung oben links zeigt das Rhythmogramm einer radialen Formstrahlung. Die Strichführung erfolgt in schneller konzentrierter Bewegung von der Mitte nach außen. In der Abbildung oben rechts sehen Sie das Rhythmogramm einer Seenelke oder Seeanemone. Die von einem Kern s-förmig geschwungenen, sich überschneidenden Linien werden bis an eine gedachte, elliptische oder kreisförmige Begrenzung gezogen.

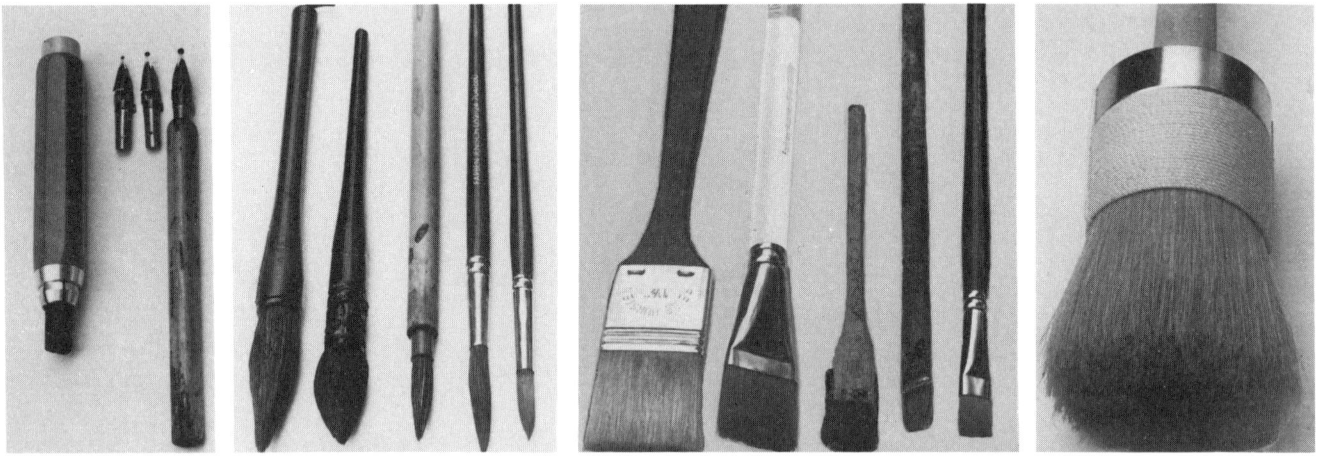

Von links nach rechts: Ölkreide, Federn, Aquarell-Rundpinsel, Borstenflachpinsel, Ringpinsel

MATERIAL UND AUSRÜSTUNG

MALGRÜNDE

Für das erste Einüben der inneren Verbindung mit den Formrhythmen eignet sich ein großflächiger Untergrund am besten. Es empfiehlt sich die Anfertigung einer Übungstafel von etwa 60 × 70 cm Größe, auf der mit normaler fettfreier Schultafelkreide gezeichnet werden kann. Eine ca. 1 bis 2 cm starke Sperrholzplatte mit Cellulosegrund vorbehandeln und nach dem Trocknen zweimal mit schwarzem Schultafellack streichen. Die Kanten der Übungstafel können mit Leinenband geschützt werden. Restrollen von Makulatur und Packpapiere dienen als Untergrund für Feder-, Wachskreide- und Graphitzeichnungen, sie eignen sich aber auch für die Pinselübungen mit verdünnter Tusche, schwarzer Deckfarbe oder Tempera. Für fortgeschrittene Arbeiten mit dem Pinsel kommt Aquarellpapier hinzu. Bei einem Beispiel auf Seite 24 wird eine Glasplatte benutzt.

STIFTE, FARBEN

Wachsmalkreide, Schultafelkreide, Graphitstift, Zeichentusche, Deckfarbe, Tempera, (grün und schwarz).

PINSEL/FEDERN

Zwei bis drei chinesische Rundpinsel (in allen Fachgeschäften für Künstlerbedarf erhältlich) in den Größen 12 – 16, ein bis zwei Aquarell-Rundpinsel mit feiner Spitze (mit Rotmarderhaar- oder Kunsthaarbesatz), große Ringpinsel, einige Borsten-Flachpinsel in Breiten von 3 bis 50 mm, Plattenfedern in verschiedenen Breiten und Federhalter.

GEFÄSSE/PALETTE

Kleine Gefäße zum Anrühren der Farben und zum Verdünnen der Tusche oder Tempera mit destilliertem Wasser (Tusche) oder Leitungswasser, große Gefäße für Wasser.

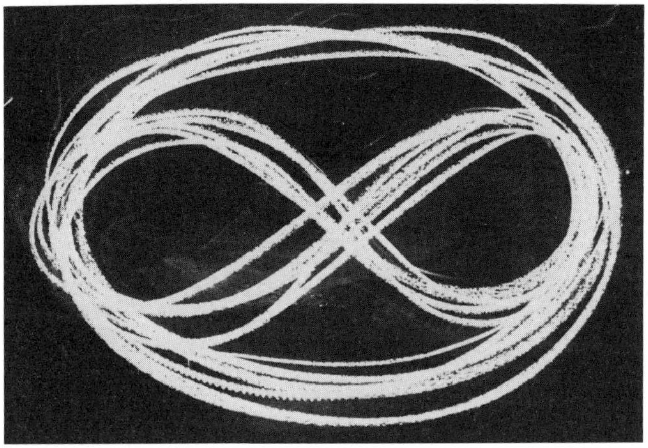

TECHNISCHE HINWEISE

Alle Übungen des meditativen Zeichnens werden im Stehen und ohne Auflegen der Hände ausgeführt. Nur so lassen sich die Formgesten aus der Körpermitte heraus zeichnen. Dies soll schließlich auch mit geschlossenen Augen geschehen können. Das Zeichenpapier oder der Malgrund sollte für großflächiges Zeichnen ausreichend groß sein. Der Raum, in dem Sie üben wollen, muß so gut aufgeräumt sein, daß nichts Ihre Konzentration beeinträchtigen kann. Stehen Sie mit festem Bodenkontakt beider Füße! Im übrigen gehe ich davon aus, daß Sie sich auf das meditative Zeichnen so vorbereitet haben, wie es in den Kapiteln auf den Seiten 14 bis 20 erläutert wurde.
Schließen Sie vor Beginn der Zeichenübungen die Augen und befreien Sie sich – wie beschrieben – von allen ablenkenden Gedanken und Einflüssen. Konzentrieren Sie sich auf ihre Körpermitte. Bleiben Sie dann in jeder Zeichnung, in jeder Linie ganz gegenwärtig, das heißt: Folgen Sie dem Formverlauf des Zeichnens ohne Ablenkung, aber auch ohne distanzierte Kontrolle.

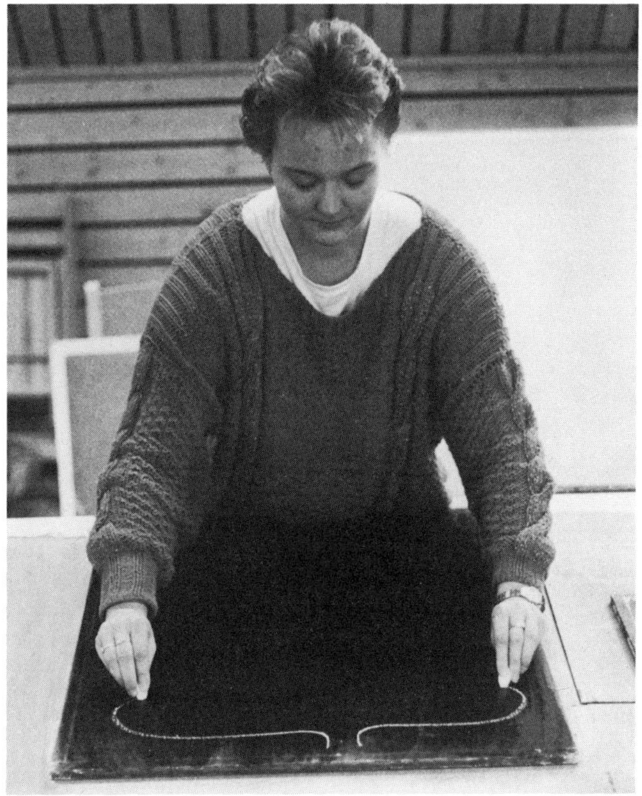

Beidhändiges synchrones Zeichnen von einfachen Formverläufen auf der Übungstafel. Bei dem Beispiel links oben aus dem Rhythmus der Ellipse in das Innere der Schleifenform einmünden und wieder zurückschwingen. Die Augen sind geschlossen.

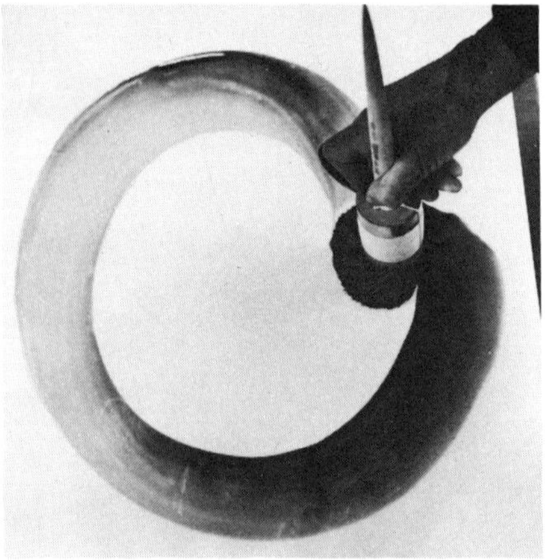

A

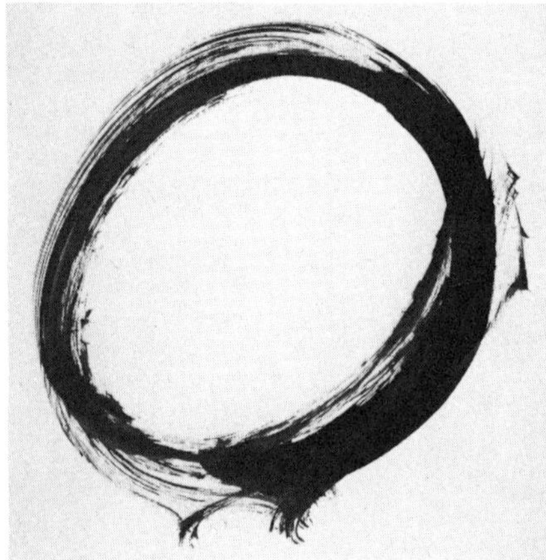

B

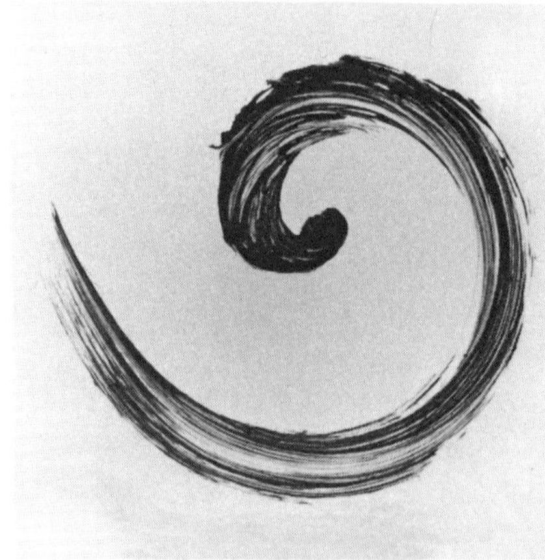

C

RHYTHMOGRAMME – ERSTE ÜBUNGSMODELLE

PINSEL- UND KREIDEZEICHNUNGEN
Formkerne, geschlossene Bewegungsbilder, Kreise und Ellipsen sind Inhalt der folgenden meditativen Zeichnungen.

ABBILDUNG A
Verdünnte schwarze Tempera mit einem 6 cm breiten Ringpinsel auftragen.
Nach einer Phase völliger Ruhe und Konzentration auf den eigenen Atemrhythmus tief einatmen und den Kreis in einer blitzschnellen Bewegung aus der Körpermitte heraus zeichnen, dabei den Atem ausstoßen. Genügend Farbe aufnehmen, um die Formgeste in einem Zug ausführen zu können. Größe der Zeichnung 60 × 60 cm.

ABBILDUNG B
Wiederholung der Übungen, bis der Kreis bei geschlossenen Augen gelingt.

ABBILDUNG C
Verdünnte schwarze Deckfarbe oder Tempera, mit einem 2 cm breiten Borsten-Flachpinsel aufgetragen. Die Tempera nur wenig verdünnen, eventuell mit etwas Tapetenkleister vermischen, der den Bewegungsablauf, die Pinselstruktur fixiert. Urformen der Natur sind in ihrer übersichtlichen Einfachheit für meditative rhythmische Übungen besonders geeignet. Eine mit weißem Papier unterlegte Glasplatte erlaubt das Löschen und Wiederholen eines Rhythmogramms. Dies ist eine gute Alternative zu der auf Seite 22 beschriebenen selbstgefertigten Übungstafel.
Die Formgeste erfolgt in einer entschlossenen, von innen nach außen geführten Bewegung, – selbstverständlich nach der vorausgegangenen Konzentrationsübung.

ABBILDUNG D
Der versteinerte Ammonit demonstriert die Urform der Spirale als energetische Konzentration und Auffächerung.

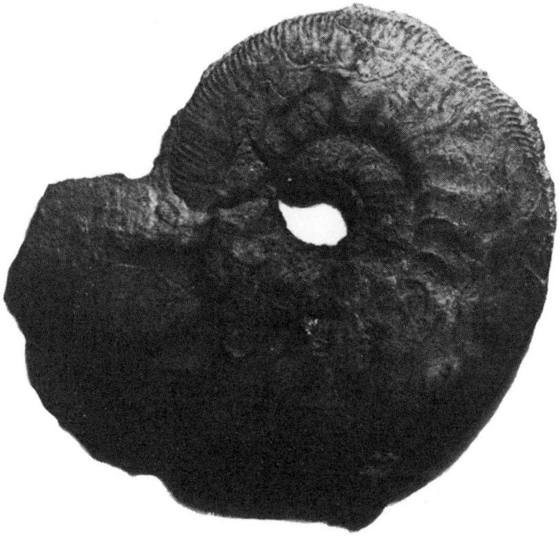

D

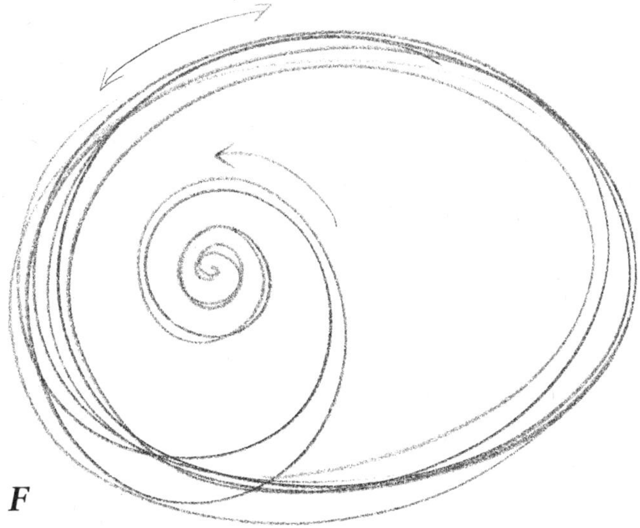

F

ABBILDUNG E
Den Zeichenstift oder die Kreide in einer großen schwingenden Bewegung aus der Körpermitte heraus kreisen lassen, bis die Form trotz leichter Asymmetrien ausgewogen erscheint. Schließlich beidhändig in synchroner Bewegung und mit geschlossenen Augen zeichnen.

ABBILDUNG F
Beidhändig, mit zwei synchron geführten Kreiden diese Form zeichnen.

ABBILDUNG G
Ausrollen und Einrollen einer Formschwingung: Mit Graphit beidhändig von links nach rechts und zurück synchron zeichnen.

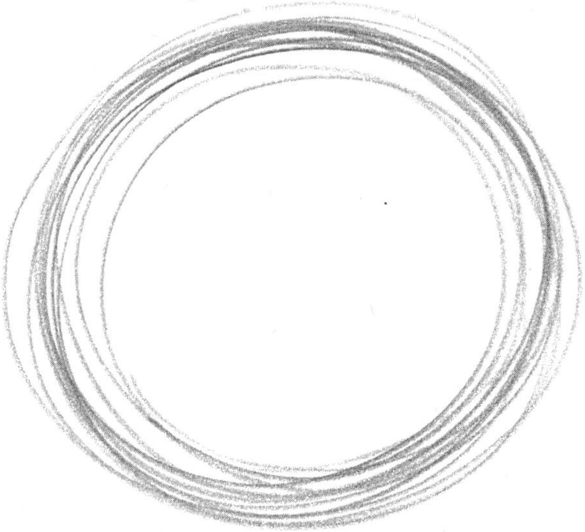

E

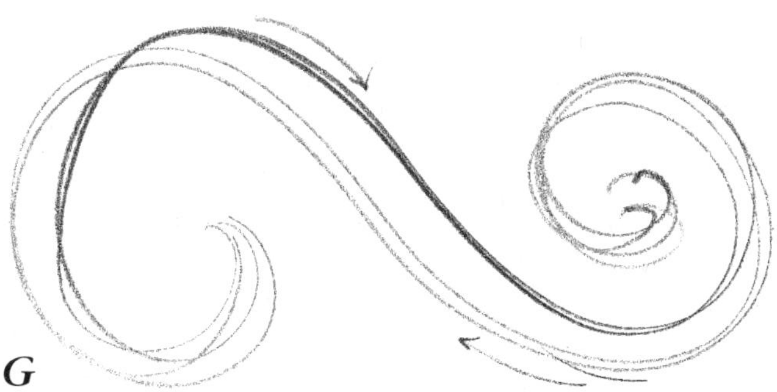

G

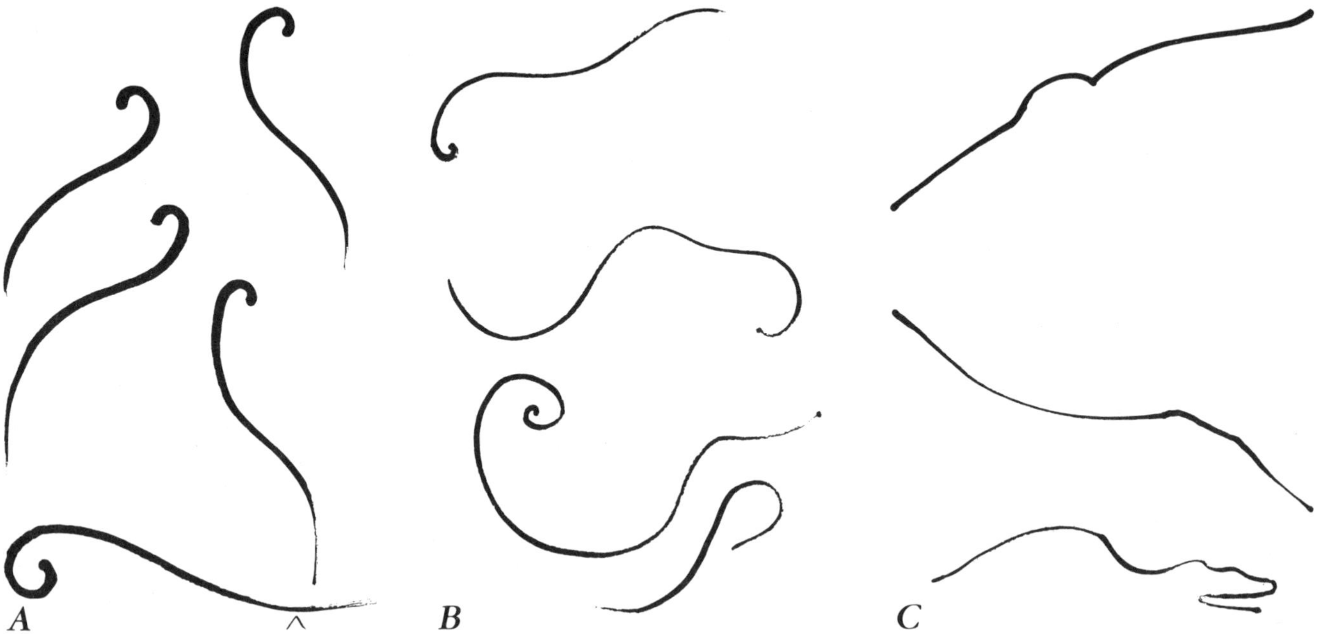

LINEARE RHYTHMOGRAMME

Material/Werkzeug: Tusche, runde Plattenfeder (1,5 – 2 mm) für ornamentales Zeichnen, Ingrespapier. Zur Übertragung der Übungen auf große Formate empfehle ich Packpapier und Graphitstift oder Wachskreide.
Die auf diesen beiden Seiten gezeigten Rhythmogramme sind Übungen zum Verständnis rhythmischer Formverläufe, dargestellt über die Ausdrucksmöglichkeiten der Linie: gerade, geschwungen, statisch, dynamisch, zielgerichtet, ansteigend, abfallend, ausstrahlend, gebrochen etc.

ABBILDUNG A
Sich konzentrieren, die Feder (oder Graphitstift/ Wachskreide) aufsetzen, aus einem Konzentrationspunkt die zeichnerische Energie in einer einfachen Kurve herausschwingen lassen.

ABBILDUNG B
Kurze Biegung, langgeschwungene Ausstrahlung.

ABBILDUNG C
Kombination von organischer Schwingung und geometrischer Brechung im Linienverlauf.

ABBILDUNG D
Formkern und ausstrahlende Bewegungslinien (Komet). Den Spiralkern von innen nach außen zeichnen. Die Strahlungsenergie durch die sich nach oben verjüngende Gesamtform unterstreichen.

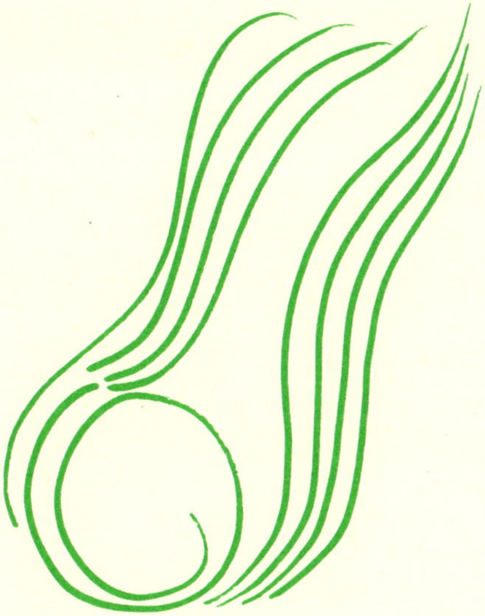

D

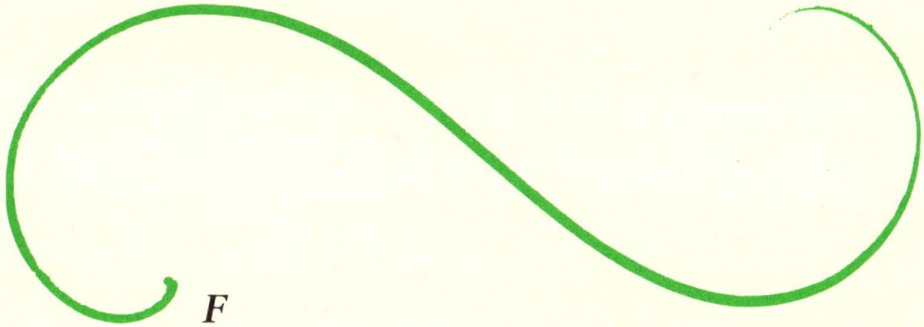

F

ABBILDUNG E
Konkav-konvex gezogene Linien. Feder mit Druck aufsetzen, nach links und rechts ohne Unterbrechung durchziehen.

ABBILDUNG F
Von links nach rechts mit wechselndem Druck in einem Zug zu zeichnende Schwingung.

ABBILDUNG G
Von links nach rechts gezogene Achse und rhythmische Begleitlinien.

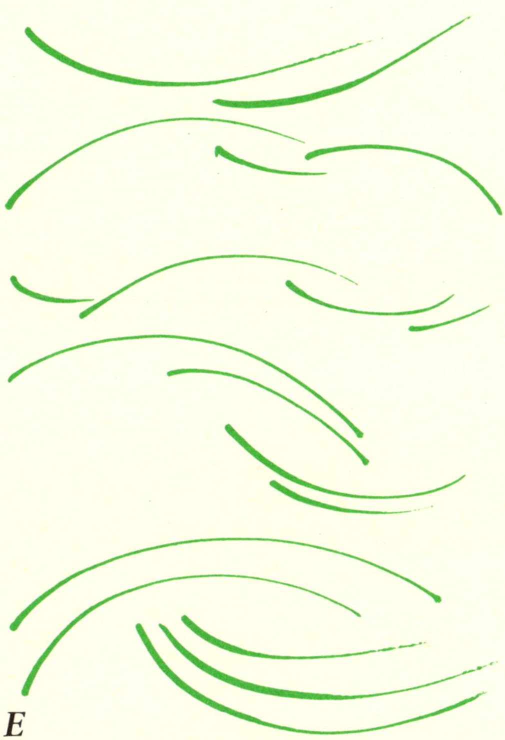

E

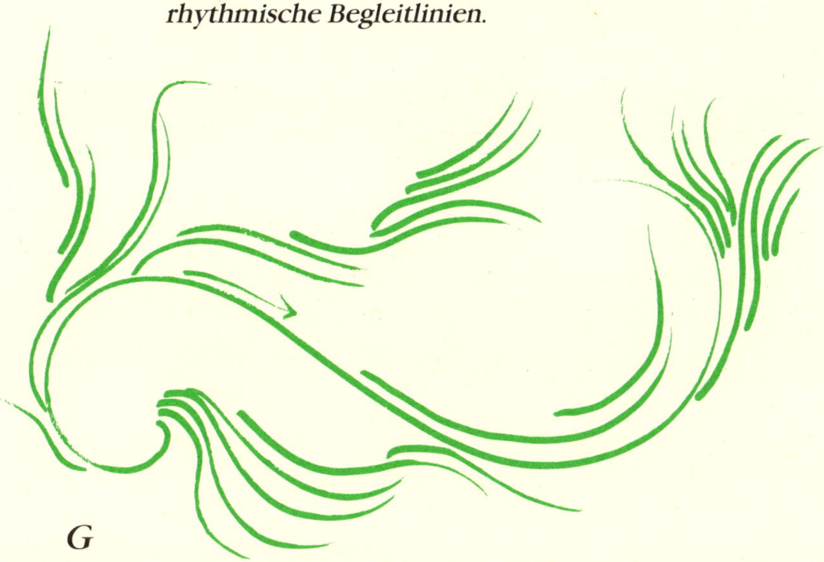

G

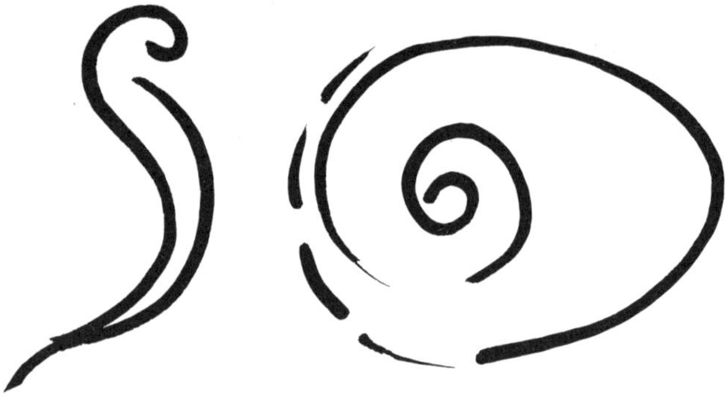

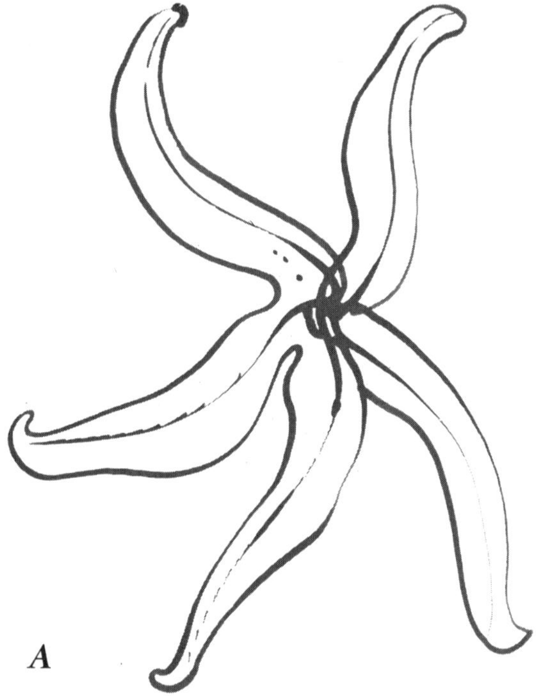

A

RHYTHMOGRAMME DER FAUNA UND FLORA DES WASSERS

Je einfacher die Gestalt eines Lebewesens ist, umso deutlicher spiegelt sie das rhythmische Formpotential des Lebenselementes (Einzeller, Mollusken, Fische). Je ausgeprägter die aktive individuelle Abgrenzung, umso stärker ist auch die Formtrennung, die äußere Distanz zum Ursprung. Sobald wir durch die meditativen Zeichenübungen z. B. eine Urform wie die Spirale nicht nur als primitives Formschema, sondern vielmehr als Gleichnis aller Lebensvorgänge zu verstehen beginnen, gelingt die Reduktion komplexer Erscheinungen auf das Wesentliche ebenso wie die vielfältige Ausgestaltung einer Grundform.

ABBILDUNG A
Von einem Kern ausgehend mit Bleistift, Wachskreide oder Feder fünf geschwungene Achsen zeichnen. Die äußeren Begleitformen ohne abzusetzen in einem Zug entwickeln. Den weichen geschmeidigen Formkanon des Seesterns im Linienverlauf aufnehmen.

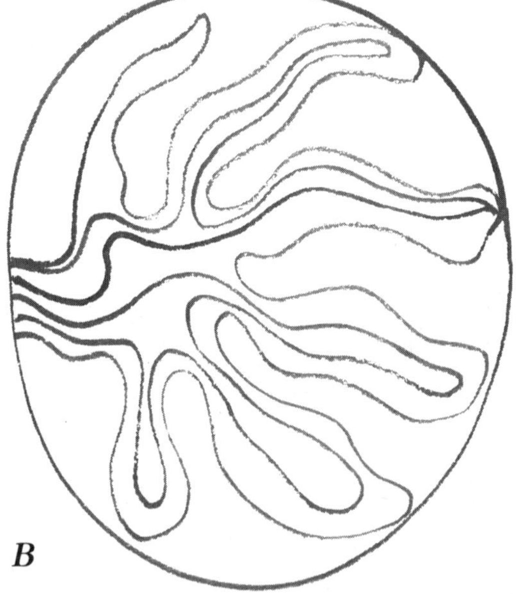

B

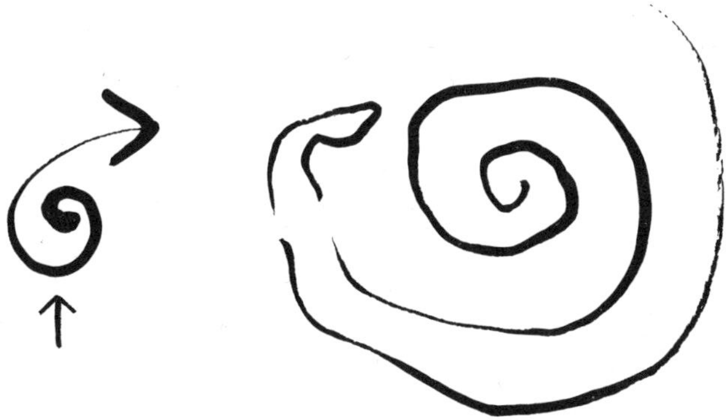

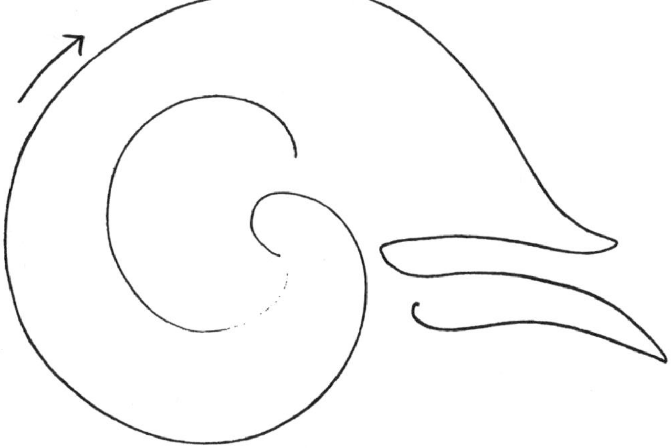

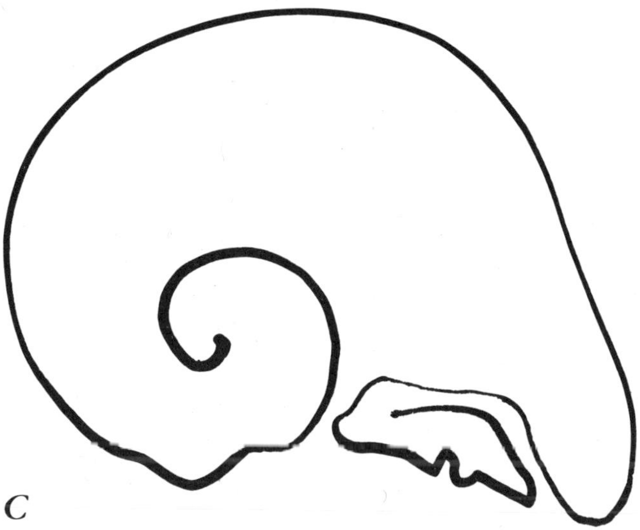

C

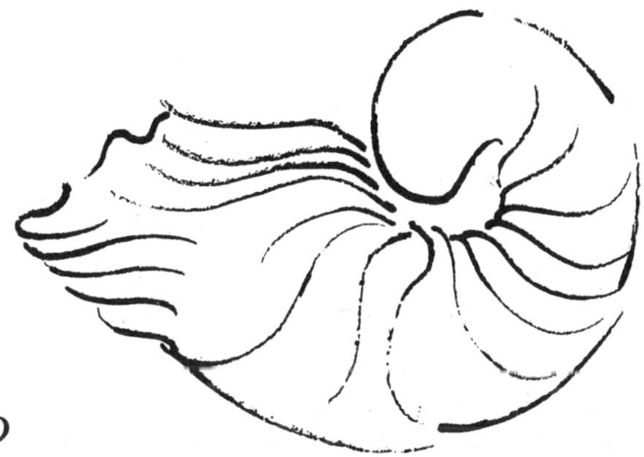

D

ABBILDUNG B

Bei diesem Rhythmogramm einer Koralle beginnt der Linienverlauf nach dem äußeren Umriß (Ellipse) von links in das Innere der Form.

ABBILDUNG C

Das Rhythmogramm innen beginnen. Beim zweiten Beispiel von der Spirale langsam übergehen zu asymmetrischer Formspannung.

ABBILDUNG D

Die Gestalt einer Schnecke oder Muschel demonstriert die Formkräfte des Wassers und zugleich die konstruktive Anpassung eines Lebewesens.
Das Rhythmogramm ist die Vereinfachung der Form auf die Kraftlinien der Umrisse und Binnenstruktur.
Wiederholen Sie den Formverlauf, zeichnen Sie möglichst ohne abzusetzen. Papierformat DIN-A4.

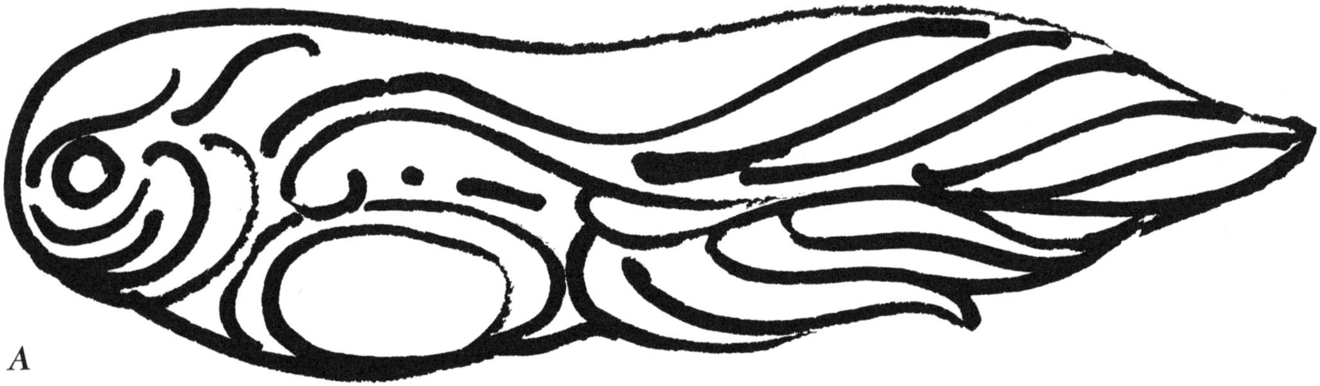

A

ABBILDUNGEN A UND B
Von der großen Gesamtform gehen wir zur rhythmischen Differenzierung über. Bei dem Rhythmogramm des Fisches zeigen die konkav-konvex geschwungenen Körperlinien eine vielfältige Gegenrhythmik.

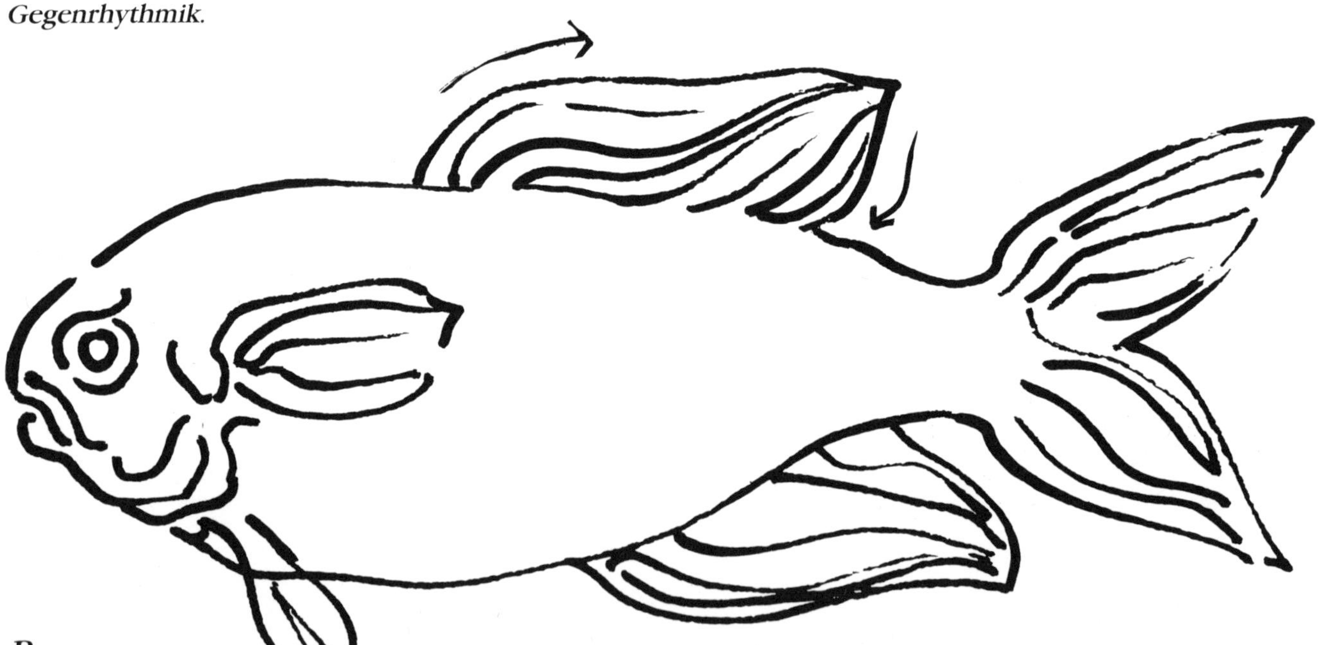

B

ABBILDUNGEN C UND D

Lineare Rhythmogramme von Wasserpflanzen. Eine geschwungene Achse zeichnen. Die Begleitformen der Blätter von links unten nach oben, von rechts unten nach oben und möglichst in einem Zug zeichnen. Beim Schließen der Blattform immer wieder auf die Achse zurückschwingen. Bei dem rechten Rhythmogramm zeigt der Pfeil den Richtungsverlauf der Linienführung.

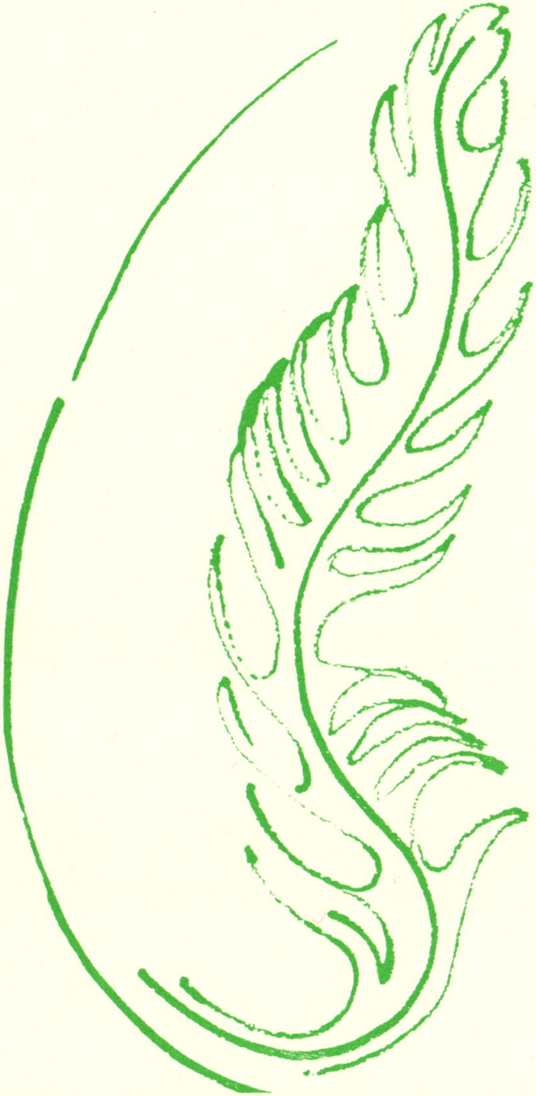

C

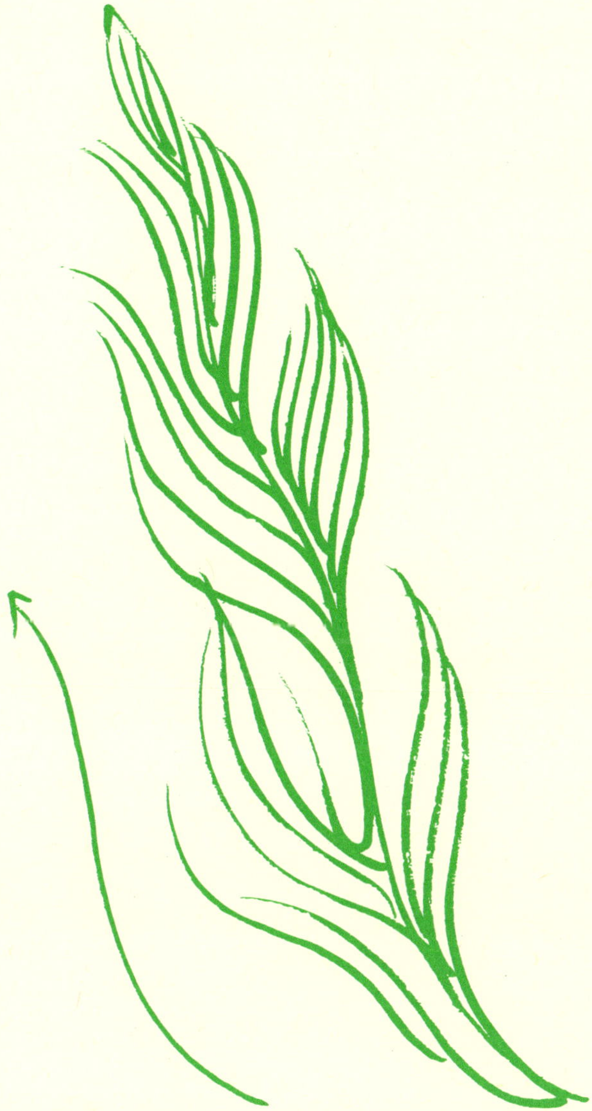

D

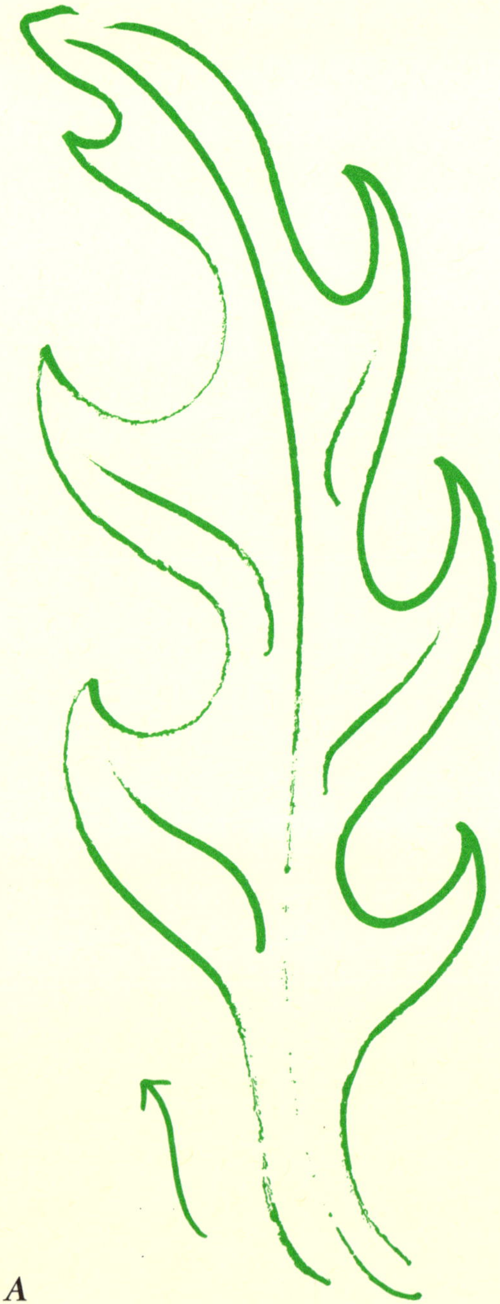

A

ABBILDUNG A

Löwenzahnblatt. Die Blattachse fallend oder aufsteigend zeichnen. Dem Verlauf der Achse folgend, unter Druckverstärkung beim Zurückschwingen die Blattform der einen Seite bis zur Spitze zeichnen, dann annähernd formsymmetrisch auf der gegenüberliegenden Seite ergänzen. Zeichnen Sie mit Wachskreide, Bleistift oder Feder auf mattem Zeichenpapier.

ABBILDUNGEN B UND C

Von einer geschwungenen Achse ausgehend, die Blattformen in einem Zug zeichnen. Immer wieder auf die Achse zurückschwingen, die Wachstumsrichtung der Blätter variieren.

Die Linie gleitet wie ein Fluß dahin, ruhig, gleichmäßig, ohne Unterbrechung wie unsere Atmung. Verspannungen können sich lösen. Der Bildraum wird zur Parabel für eine harmonische Mensch-Raum-Beziehung allgemein.

Sanft gezogene, dem strömenden Wasser vergleichbare Linien sind – wichtiger als ihr konstruktiv-kristalliner Gegenpol – ein Mittel zur Selbstbestimmung unserer leib-seelischen Befindlichkeit.

Unser egozentrierter Widerstand, die Trennung unseres Daseins von der universalen Geborgenheit werden überwunden.

Die hier abgebildeten Grundübungen des meditativen Zeichnens stehen in großem Kontrast zu den gebrochenen, nervös gesplitterten Formen der als Negativbeispiele auf den Seiten 38, 39, 40, 42, 80 und 90 reproduzierten Zeichnungen.

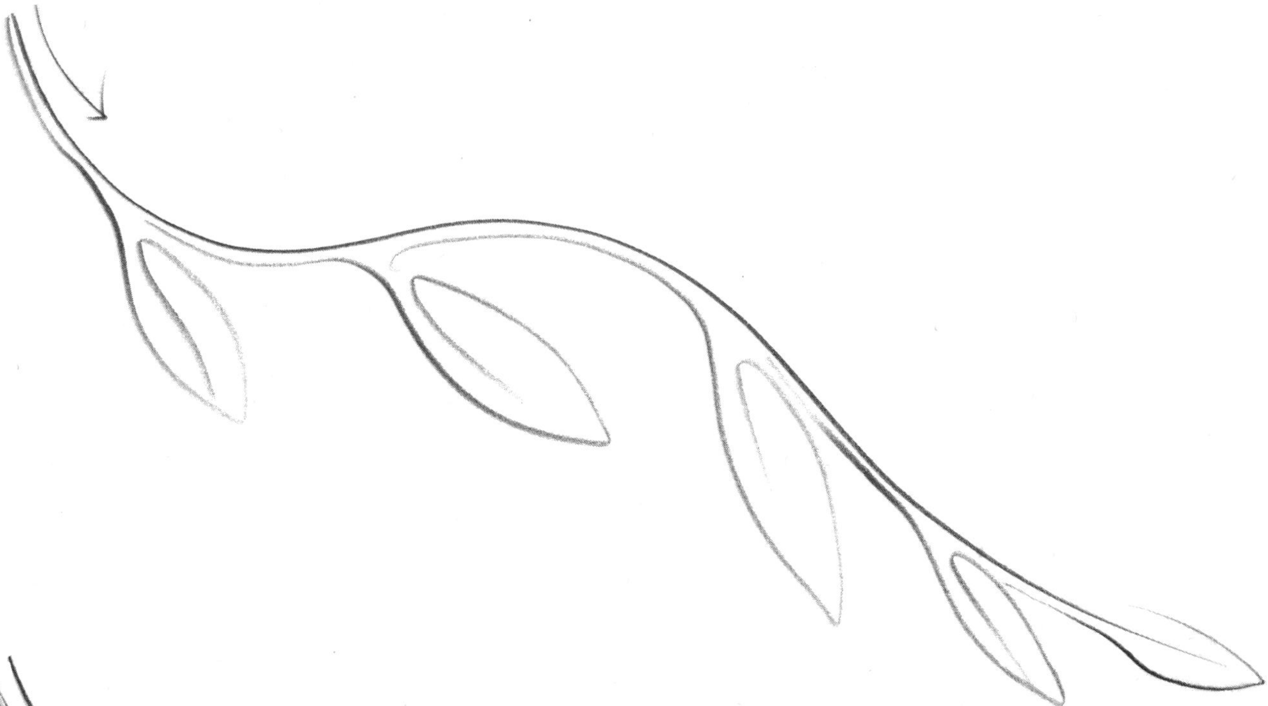

B

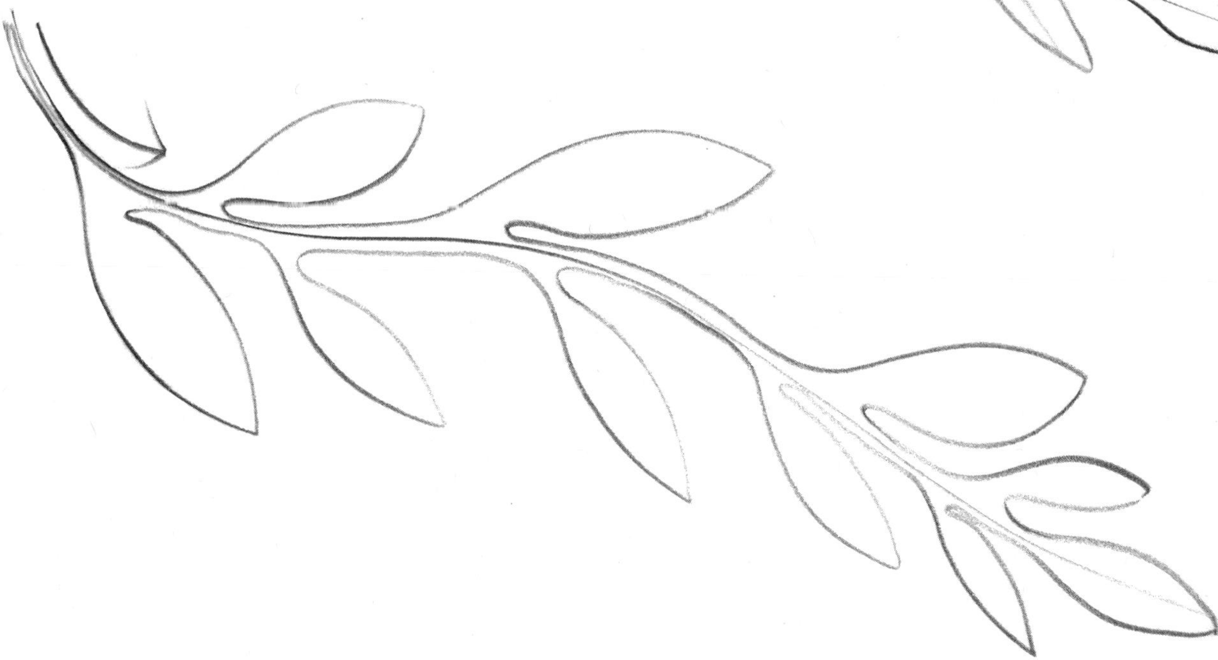

C

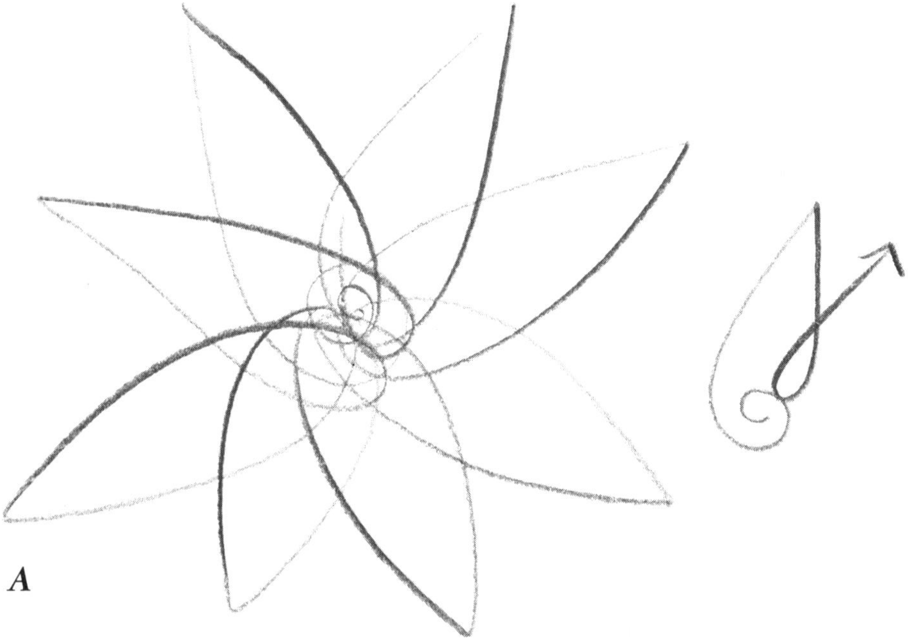

A

ABBILDUNG A
Bei diesem einfachen Rhythmogramm einer Blüte (Seerose) von einem energetischen Kern in der Mitte bis zur Spitze des Blütenblattes und zurück zeichnen. Eine ausgewogene Flächenform der Blätter anstreben. Die Figur ohne abzusetzen so lange wiederholen, bis sie bei geschlossenen Augen gelingt.

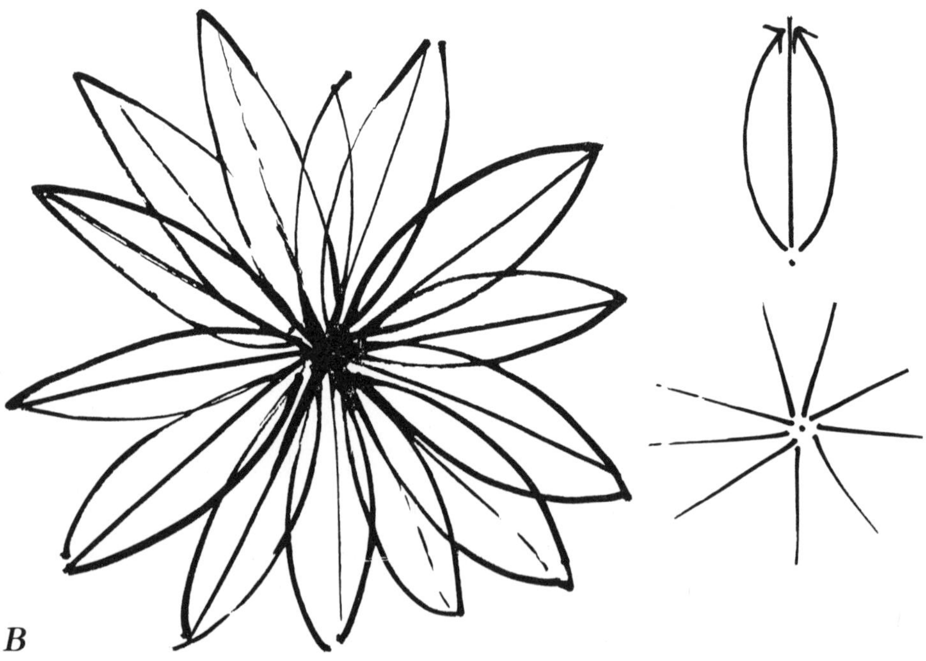

B

ABBILDUNG B
Diese Variation der vorherigen Übung ist bewußt konstruktiv. Von der Mitte ausgehend werden die Blattachsen gezogen und dann, in einem zweiten Schritt, werden sie durch konkav-konvexe Bogenschläge zur Gesamtform weiterentwickelt.

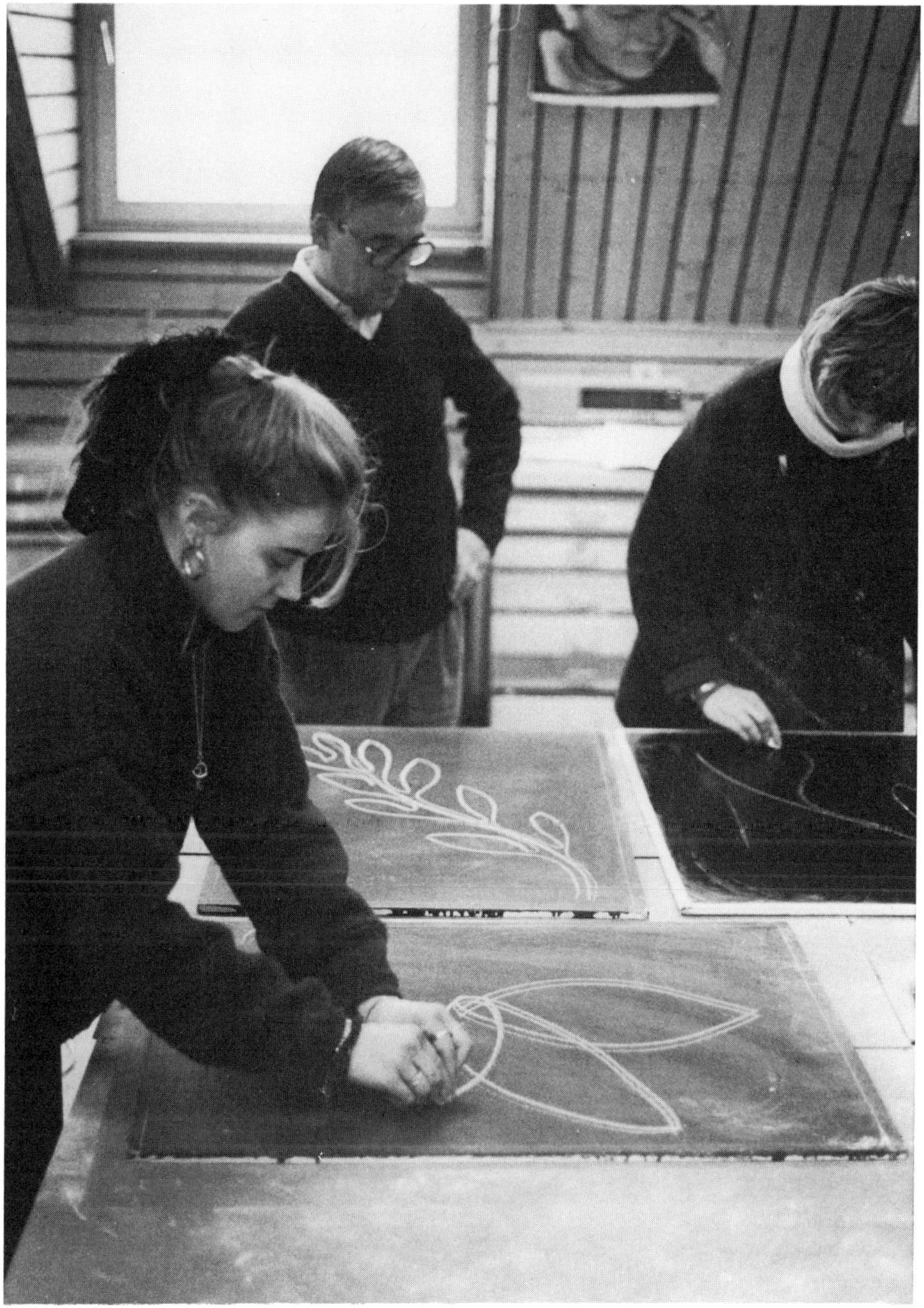

ABBILDUNG C
Bei diesem meditativen Zeichnen der beschriebenen Rhythmogramme (als Übung in einer Gruppe) wird auf Übungstafeln gearbeitet, wie auf Seite 22 beschrieben. Übungsmodelle dieser Art eignen sich besonders für große Formate.

C

*Natürliche Landschaft
(Photo)*

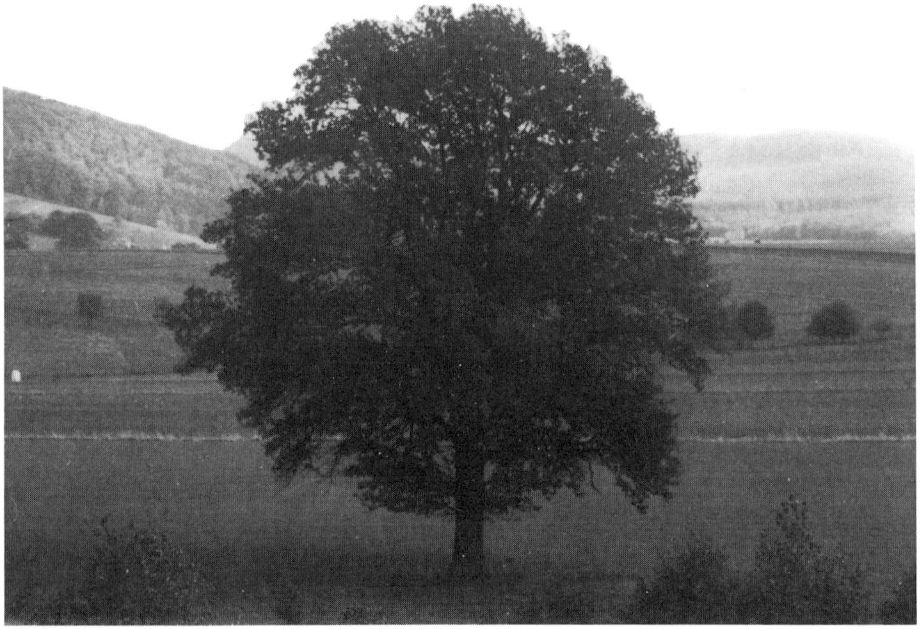

STUFEN DER MENSCHLICHEN NATURERFAHRUNG

- *Bewußtloser Einklang, die Natur denkt für den Menschen (Schiller).*

- *Der Mensch tritt der Natur gegenüber, er gewinnt die Freiheit der Reflexion, greift in die natürliche Umwelt ein. Technisch-wissenschaftliche Entdeckungen führen zur Beherrschung von Naturkräften.*

- *In der dritten Stufe erfordert die Naturferne der zivilisatorischen Peripherie die geistig-emotionale Rückbindung an die natürlichen Ursprünge. Anzustreben ist eine, der analytischen Wahrnehmung gleichrangige meditative Erfahrung der Naturstrukturen. Die natürliche Formrhythmik sollte auf alle menschlichen Handlungsbereiche übertragen werden.*

Im Mikrokosmos der Zeichnung wiederholt sich die ernergetische Auffächerung, das Wachstum des Baumes. Pinselzeichnung, Tusche auf nassem Grund.

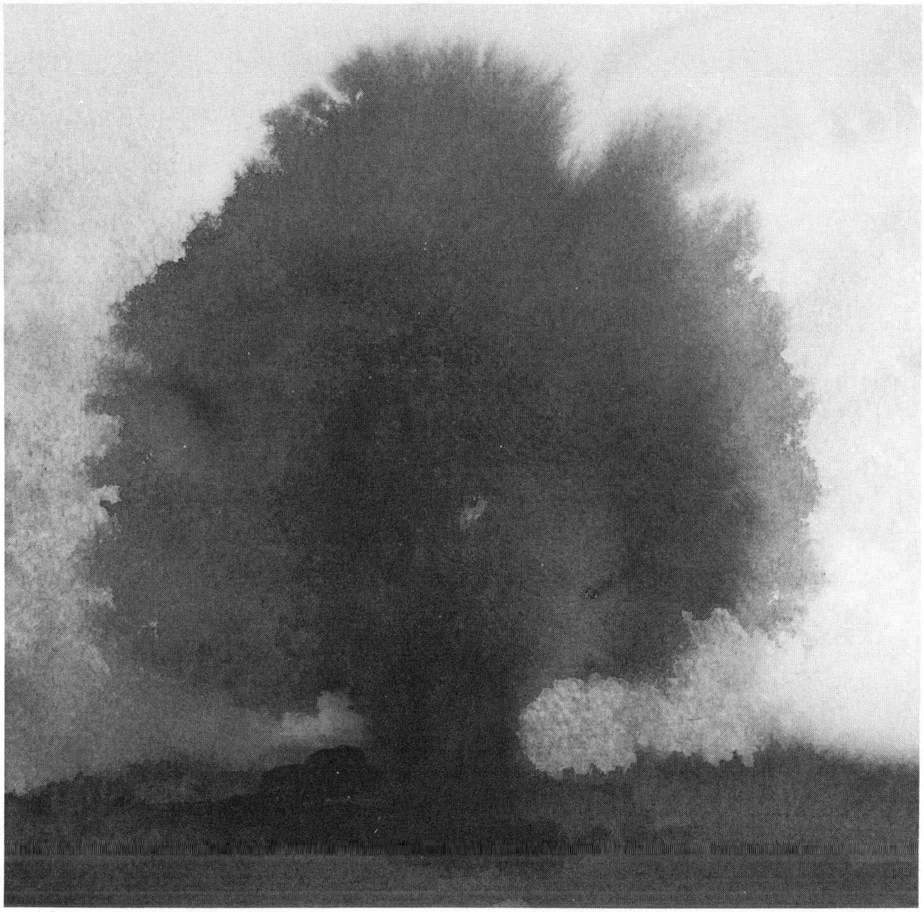

FEHLENDES NATURVERSTÄNDNIS

Fehlendes Naturverständnis führt zwangsläufig zu einer schematisierenden Darstellung ihrer Erscheinungen. Technische Objekte hingegen werden bereits von Fünfzehnjährigen ohne Schwierigkeiten zeichnerisch wiedergegeben. Komplizierte Medien und Techniken können mühelos beherrscht werden.

Die Zeichnung einer Pflanze aber mißlingt zum Zerrbild. Es fehlt die elementäre Kenntnis dessen, was Herbert Read das „bildnerische Alphabet" genannt hat: die aus der Tiefe kommende und in die eigene kreative Fähigkeit integrierte Originalität der Bilder.
Die Reproduktion entspricht der Größe des Originals.

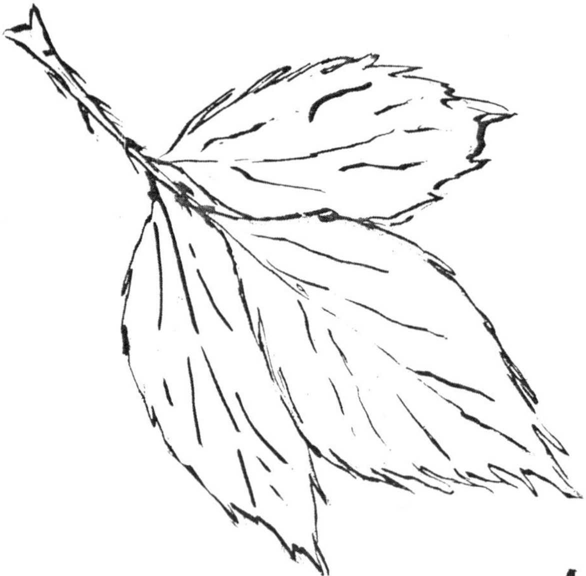

NEGATIVE BEISPIELE

NATURDARSTELLUNGEN OHNE MEDITATIVE ÜBUNG

Die links abgebildeten Pflanzenzeichnungen einer Neunzehnjährigen sind vor Beginn der meditativen Zeichenübungen entstanden. Sie sind nicht nur Ausdruck fehlender Technik oder mangelnder künstlerischer Qualifikation, sie sind vielmehr in erster Linie Zeichen der inneren Verspanntheit und Naturentfremdung.

Die Baumform wirkt angstvoll zusammengezogen, die Umrisse der Blattformen sind nervös gesplittert.

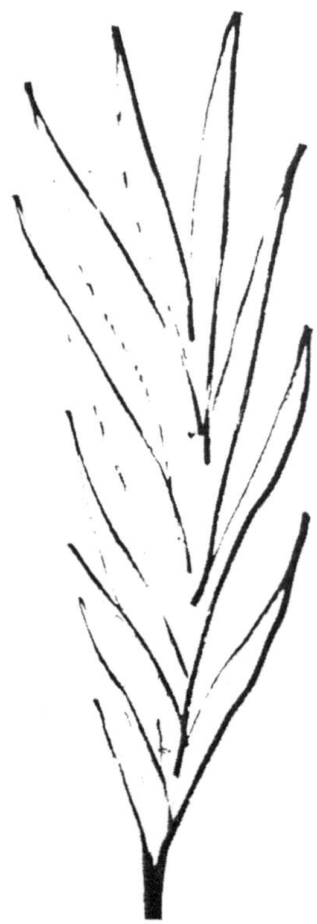

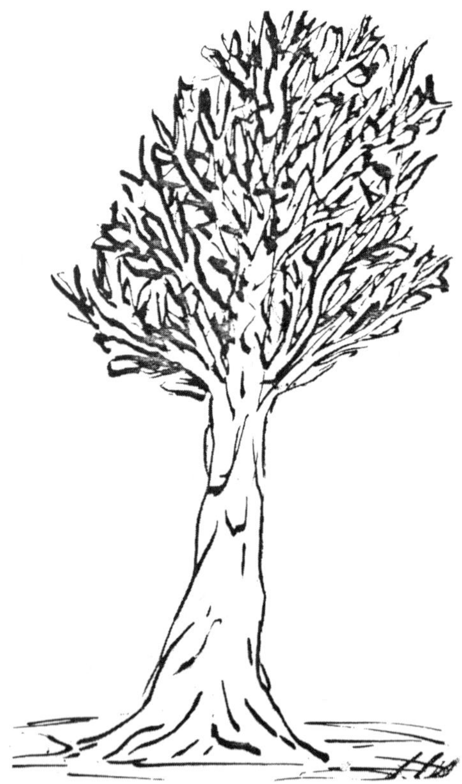

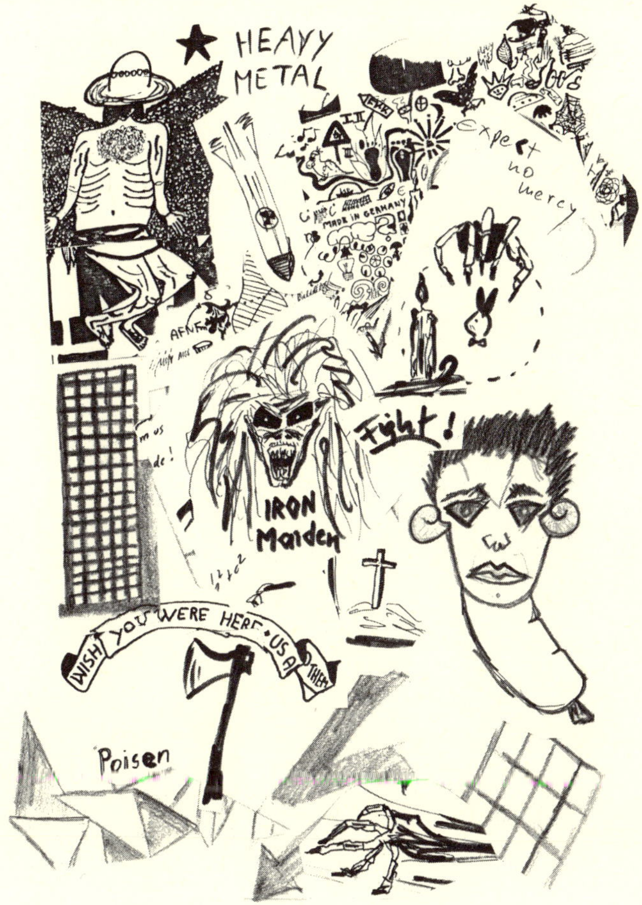

NEGATIVE BEISPIELE

JUGENDLICHE BILDWELTEN HEUTE

Die Collage rechts vermittelt einen Eindruck davon, wie Jugendliche der Reizflut der Massenmedien, der urbanen Umwelt ausgesetzt sind. Hier wird der Einfluß vorgefertigter zivilisatorischer Bildelemente auf die Vorstellungswelt eines Fünfzehnjährigen erkennbar. Eine so erlebte Wirklichkeit, Wunsch- oder Traumwelt wird ohne konkrete – und auch angenommene – Kontrasterfahrungen nach meiner Meinung zu psychischer Deformation führen.

NEGATIVBEISPIEL

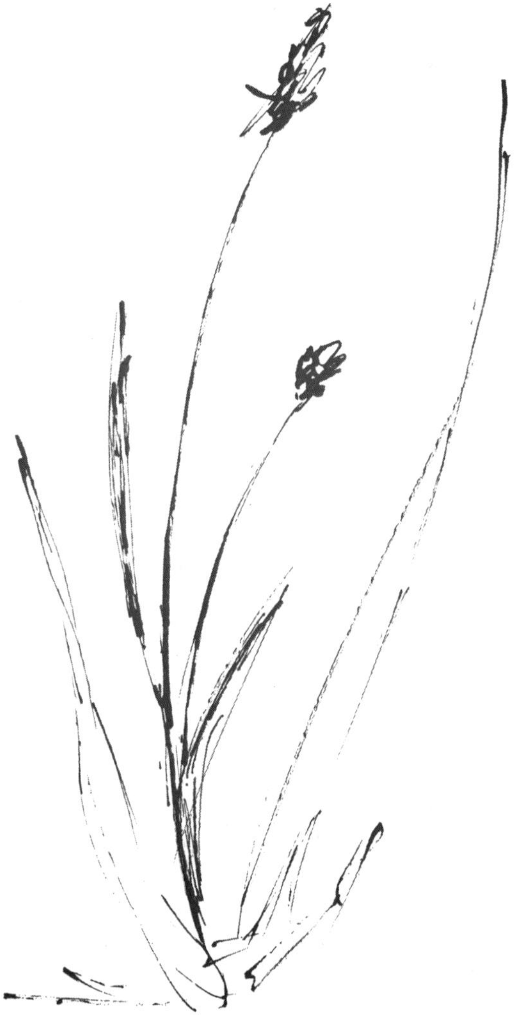

A

ABBILDUNG A
Die Pflanzenzeichnung – vor Beginn der meditativen Übungen – läßt die Vitalität einer natürlichen Pflanze (Schilf) vermissen.

MEDITATIVE ZEICHENÜBUNGEN

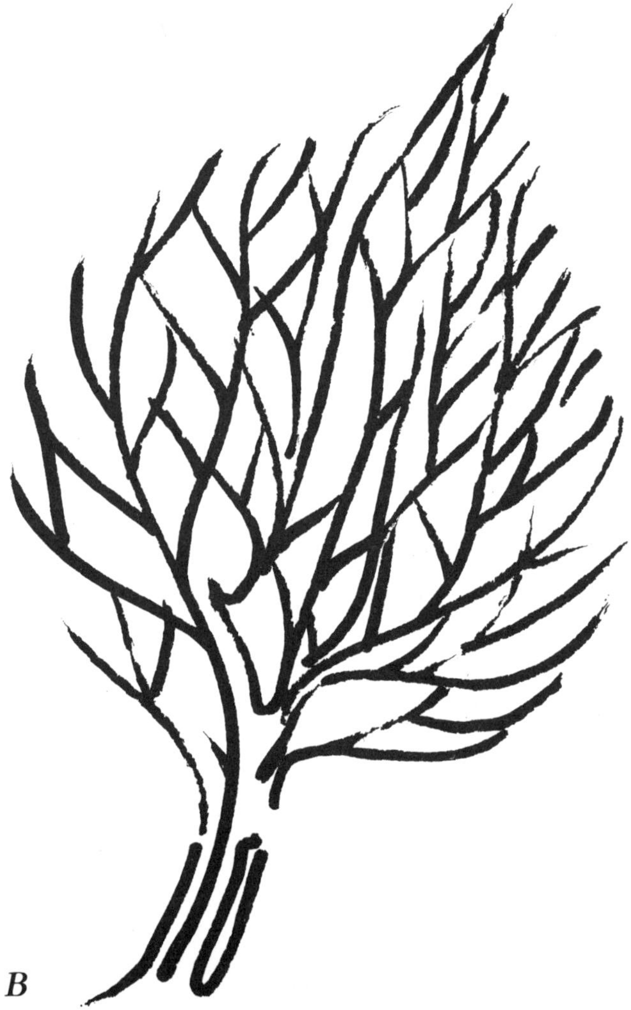

B

ABBILDUNG B
Das Rhythmogramm zeigt in der von unten nach oben aufgefächerten Graphik das System einer Blatt- oder Baumstruktur.

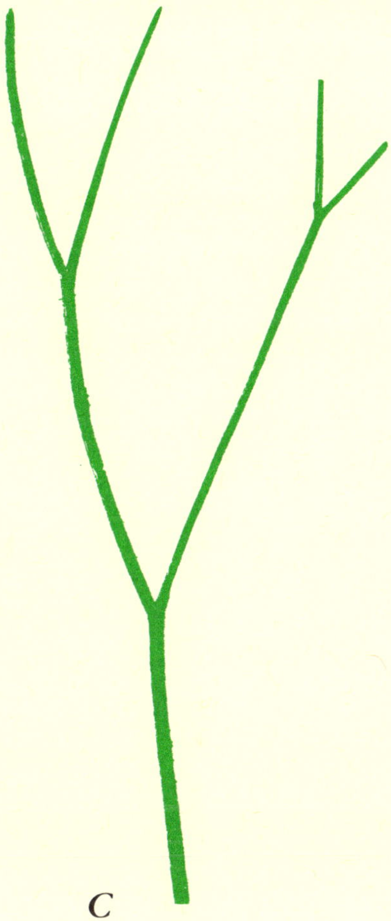

C

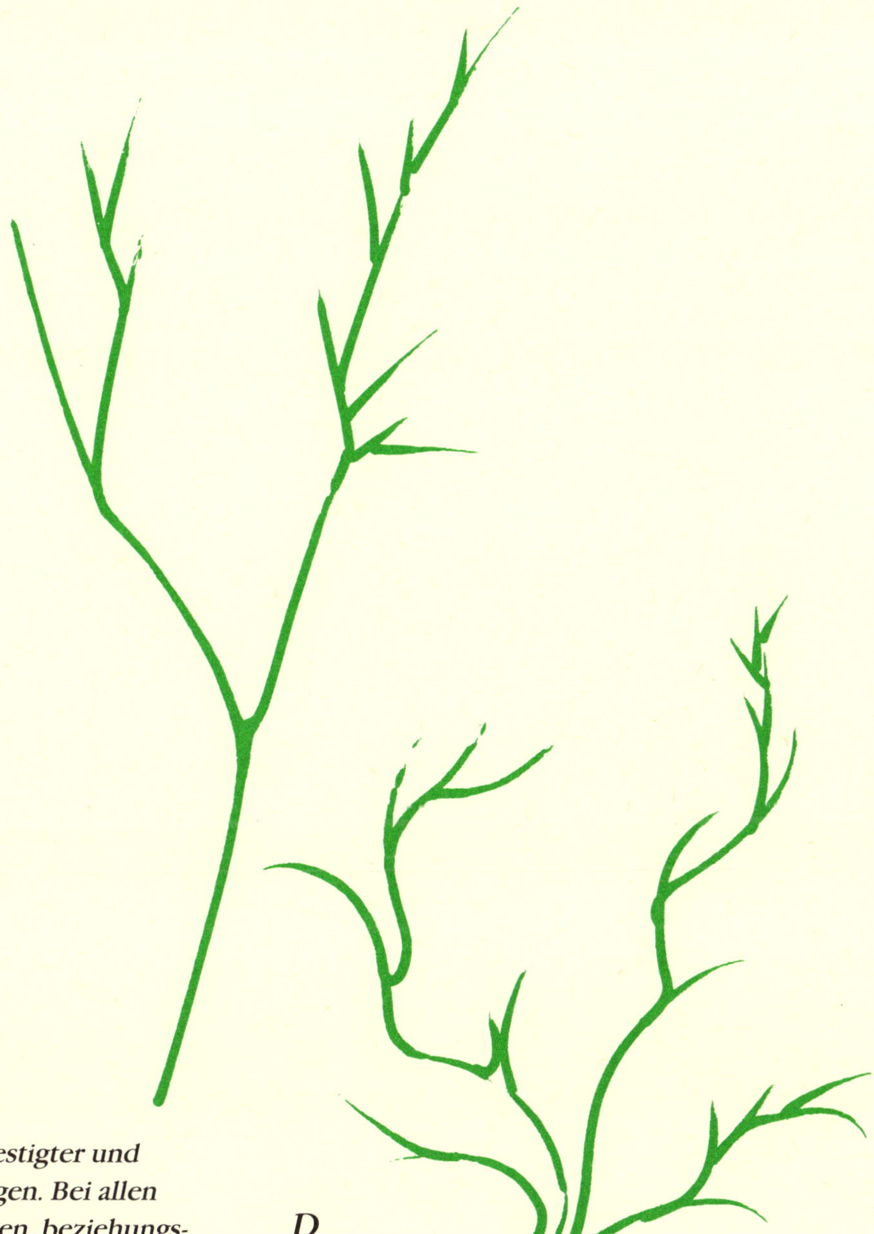

D

ABBILDUNGEN C UND D
Rhythmogramme geometrisch verfestigter und weich geschwungener Verzweigungen. Bei allen diesen Übungen von unten nach oben, beziehungsweise von innen nach außen zeichnen.

NEGATIVE BEISPIELE

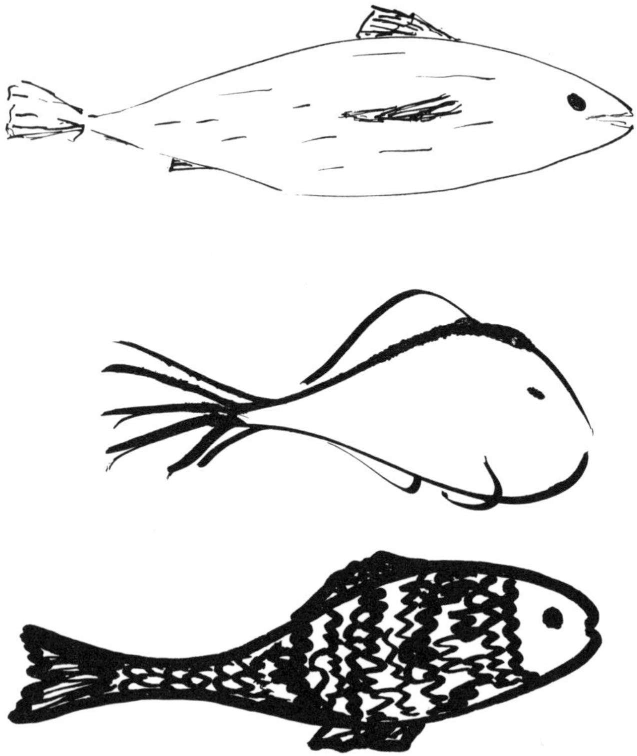

A

ABBILDUNG A

Fische sind Inbegriff der in optimaler Anpassung an die rhythmischen Kräfte des Wassers entwickelten Naturformen. In der Erinnerung und ohne vorausgegangene meditative Verbindung mit der natürlichen Form verliert sich ihre geschmeidige Plastizität. Es entstehen spannungslos proportionierte Karikaturen. Bei diesen Zeichnungen wirken die Flossenansätze (Konzentrationspunkte für Bewegungsenergie!) kraftlos. Die Flossen selbst besitzen keine Formspannung.

MEDITATIVE ZEICHENÜBUNGEN

ABBILDUNG B

Das Rhythmogramm eines Fisches und einer Korallenstruktur: Vereinfachung auf die Kraftlinien der Umrisse und Formmuster.

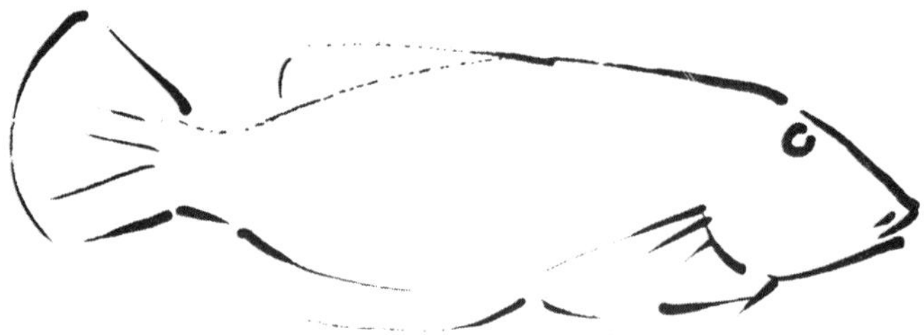

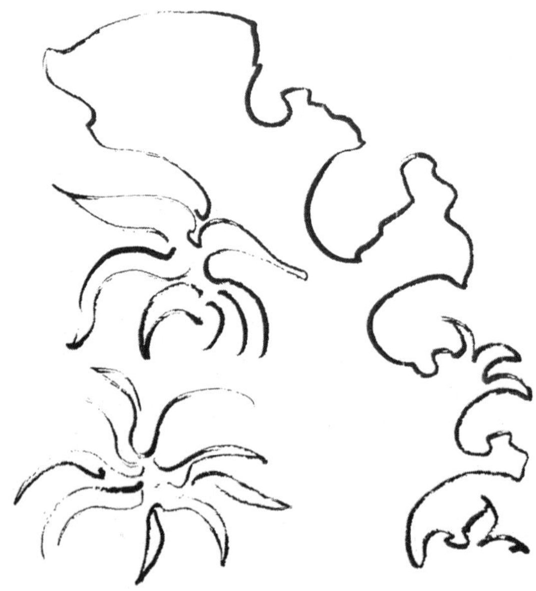

B

ABBILDUNG C

Nach selbständiger Übung der Rhythmogramme erfolgt der Übergang von der großen Gesamtform zur rhythmischen Differenzierung: Kopf und Flossen eines Fisches, Arbeit einer Neunzehnjährigen mit Filzschreiber auf Ingrespapier.

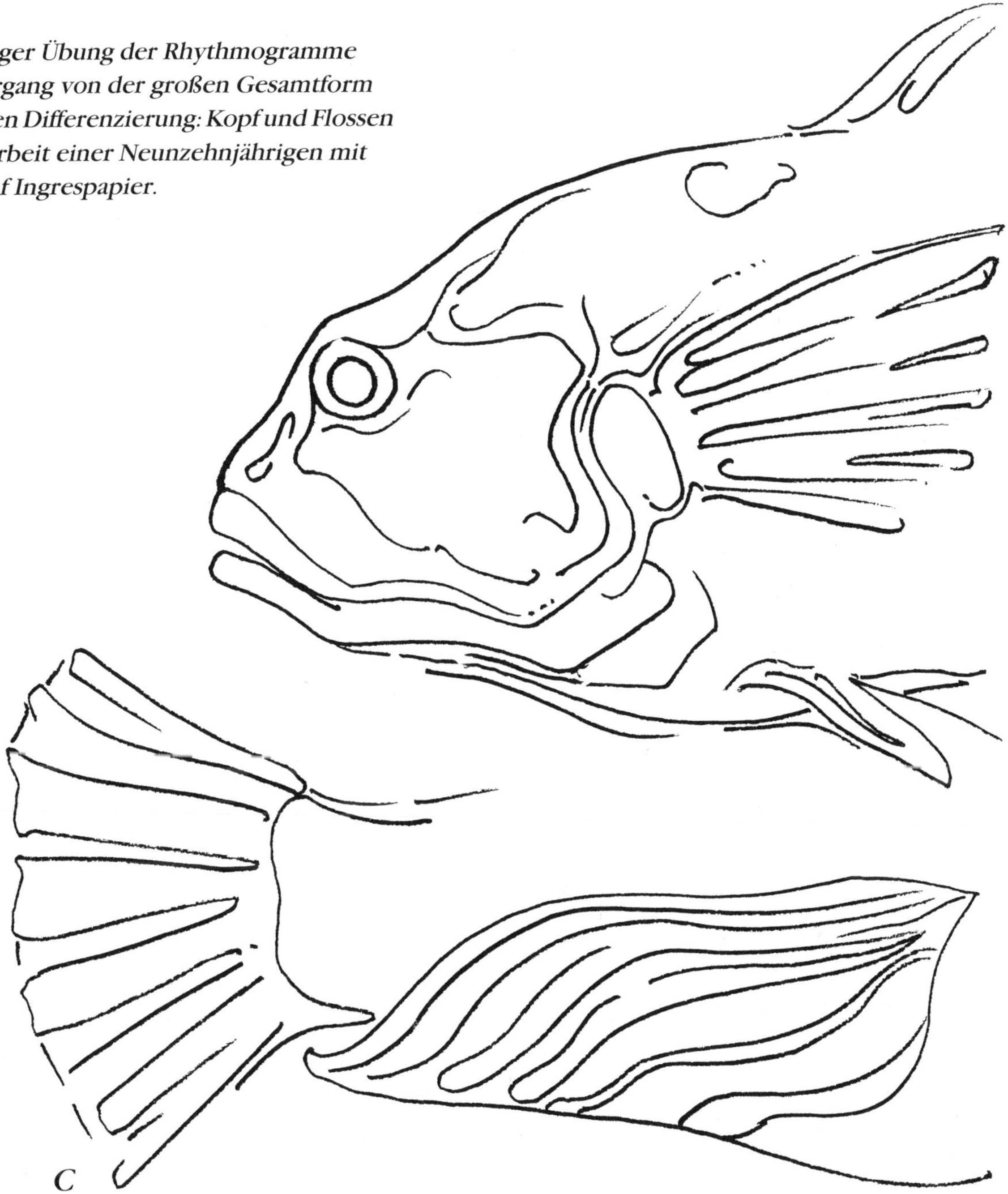

C

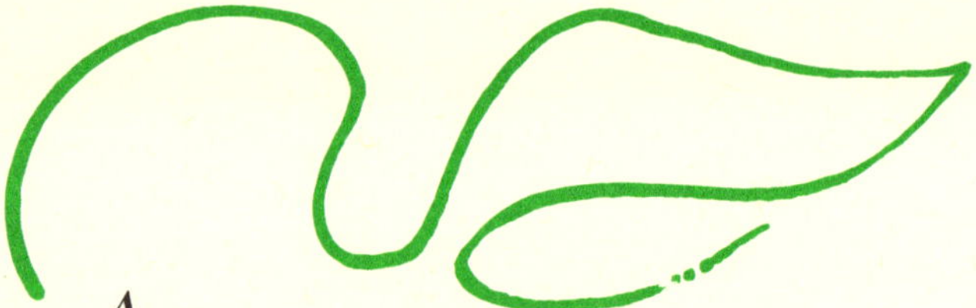

A

MEDITATIVES ZEICHNEN DER PFLANZEN

Pflanzenformen zeigen Übereinstimmung mit den spontanen Ausdrucksbildern des menschlichen Körpers. In den Wachstumssystemen der Vegetation läßt sich die universelle Rhythmisierung der Naturformen besonders deutlich erkennen.

Phänomene wie Einatmen-Ausatmen, Schließen-Öffnen, Konzentration-Expansion sind unübersehbare Gemeinsamkeiten der Lebensvorgänge. Das erklärt unsere, von Natur aus freundliche enge Beziehung zur Pflanzenwelt und ihre Bedeutung als Quelle der Regeneration.

Konzentrierte, meditative Betrachtung einer Pflanze erschließt uns ihr Wesen in diesem Sinne. Das einzelne Pflanzenbild wird zur beispielhaften Erfahrung. Nicht jeder von uns hat das Glück, in unmittelbarem Kontakt zur Natur oder doch wenigstens in der Nähe eines botanischen Gartens zu leben. Als Gegenstand meditativer Zuwendung kann aber eine einzige Pflanze ausreichen, um in die eigenen Ursprünge zurückzutauchen und den Ur-Rhythmus der organischen Welt wiederzufinden. Ich erinnere in diesem Zusammenhang an die vorbereitenden Konzentrationsübungen und die übrigen Erläuterungen auf den Seiten 14 bis 33.

Die meditative Zeichnung dient auch der konkreten Schulung des Formgefühls. Man entrinnt dem Eins-Zwei-Drei menschlicher Flurbereinigung, den kläglichen Schemata, nach denen sich künstliche Umwelten heute formieren. Die plumpe Zweckmäßigkeit rationaler Symmetrie weicht dem Pulsschlag des Lebendigen. Die Rückbesinnung auf das Maß des Natürlichen beginnt und wird bald selbstverständlich.

Die Kommunikation mit einer Pflanze ist für mich keine parapsychologische Spekulation. Meditative Zeichnungen können die Trennung zwischen pflanzlicher und bildnerischer Form aufheben. In vielen Übungsbeispielen (siehe z.B. die Abbildungen auf den Seiten 14 und 57) sehe ich den Beweis für eine gelungene Identifikation. Diese liegt tief unter der Oberfläche verblüffender äußerer Ähnlichkeiten zwischen Naturform und Zeichnung. Und sie hat noch nichts zu tun mit dem ehrgeizigen Anspruch einer künstlerischen Leistung. Diese Anmerkung sei wegen ihrer grundsätzlichen Bedeutung hier wiederholt.

Die Übungen auf den folgenden Seiten beschränken sich auf wenige Modelle. Wie die vorgestellten einfachen linearen Rhythmogramme, sind sie als Anregung für Ihr selbständiges Tun gedacht, nicht als abgeschlossenes festes Programm. Trotzdem können Sie die vorgestellten Beispiele, die ja Naturrhythmen aufgenommen haben, zunächst als Übung nachvollziehen. Danach können Sie die Arbeitsanleitungen auf das meditative Zeichnen der Naturformen übertragen, die für Sie erreichbar sind. Schon der erste Übungsschritt führt dazu, das Charakteristische einer Wachstumsstruktur zu erfahren, das heißt, Sie werden auf keinen Fall nur in der äußerlichen Wiedergabe einer Vorlage stecken bleiben. Schon bald werden Sie Veränderungen in der Art

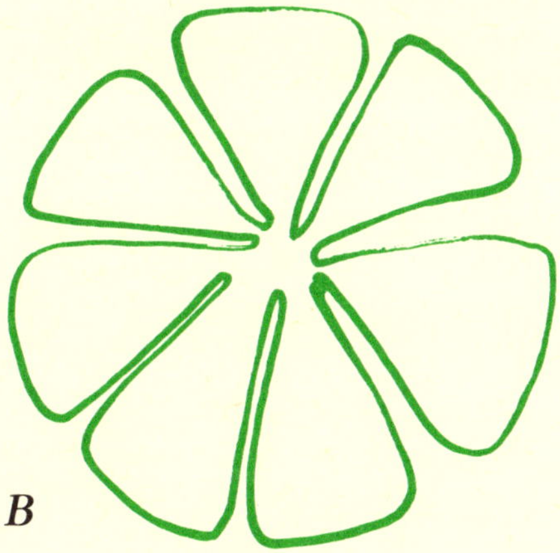

B

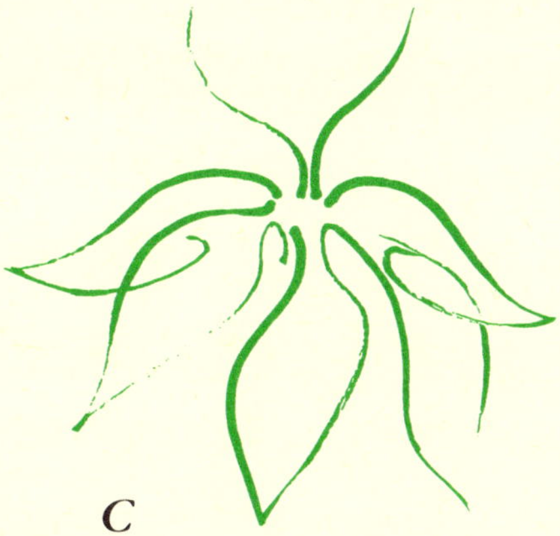

C

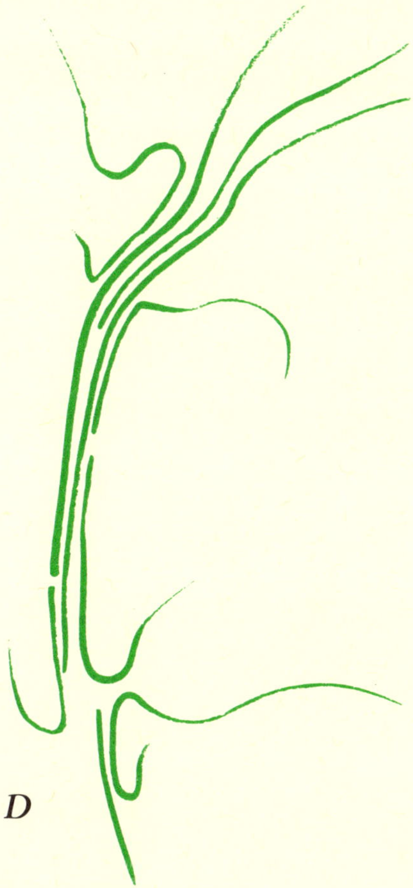

D

und Intensität Ihrer Wahrnehmung feststellen. Auch in der bewußten Einordnung von Umwelteindrücken werden sich die Grunderfahrungen auswirken, die Sie durch das meditative Zeichnen erworben haben. Sie werden in der Lage sein, aus der Fülle zufälliger Einzelheiten das Charakteristische einer Pflanze, einer Landschaft, eines menschlichen Gesichts festzuhalten.

ABBILDUNG A
Rhythmogramm: Obere Blattkante eines Philodendron. Ausschwingen, verzögern, stabilisieren, zurückführen, erneut ausschwingen, so stellt sich der Formverlauf durch Rhythmus und Gegenrhythmus dar. Nachzeichnen, bis der rhythmische Formverlauf mit geschlossenen Augen dargestellt werden kann.

ABBILDUNG B
Rhythmogramm einer Blüte: Die Linie von der Mitte bis an den Rand eines gedachten oder mit Bleistift vorgezeichneten Kreises und zurück zur Mitte führen. Eine Figur für Aus- und Einatmen, die auf großformatigen Papieren oder Tafeln geübt wird.

ABBILDUNG C
Rhythmogramm einer Orchidee, von innen nach außen und zurück gezeichnet.

ABBILDUNG D
Rhythmogramm: Hauptlinien des senkrechten Wachstums und die seitlich, bzw. nach unten zurückführenden Begleitlinien der Blattformen. Sie bestimmen die Gestalt der Pflanze.

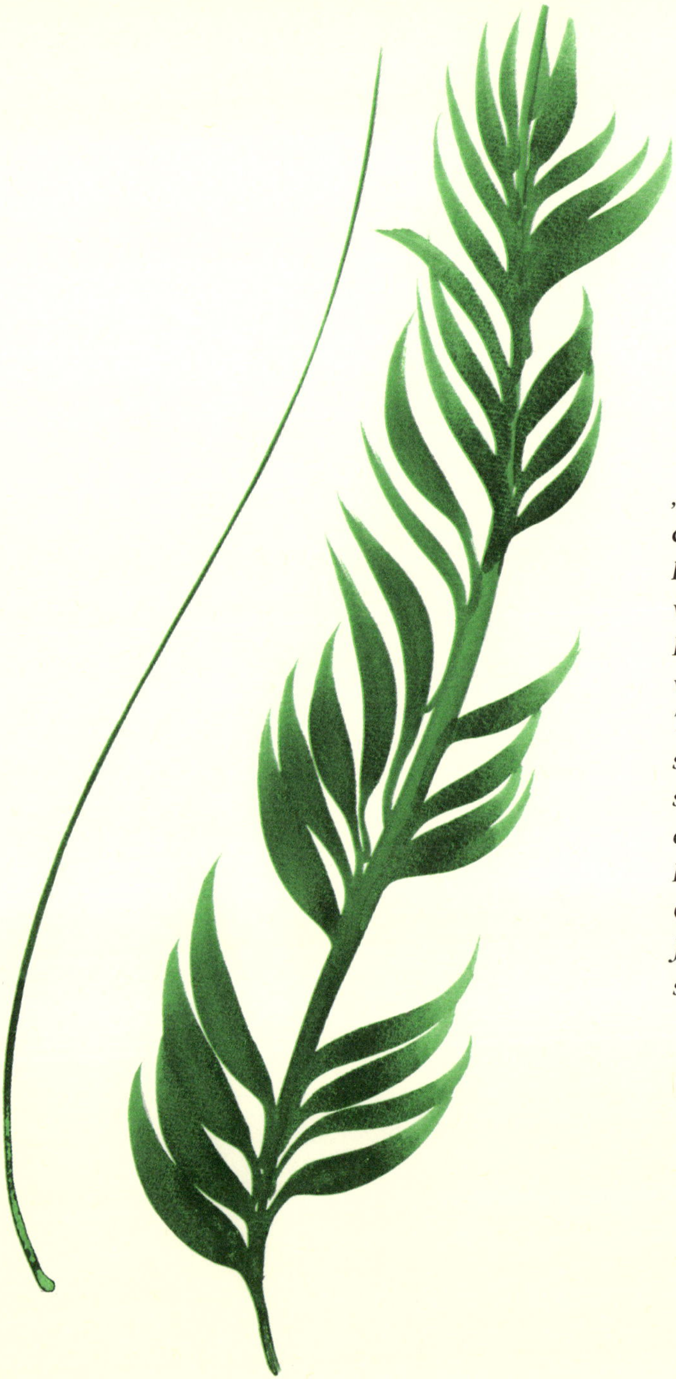

„Als Fünfjähriger hatte ich bereits die Neigung, die Dinge in ihrer Gestalt zu zeichnen. Seit einem halben Jahrhundert habe ich viele Bücher veröffentlicht, die jedoch bis zu meinem siebzigsten Lebensjahr nicht sehr bedeutend waren. Im Alter von dreiundsiebzig Jahren habe ich den Bau der Tiere und Pflanzen kennengelernt. Deshalb wird sich meine Kunst bis zum achtzigsten Lebensjahr ständig entwickeln. Mit neunzig Jahren werde ich in das Wesen der Kunst eindringen können. Mit hundert Jahren werden meine Bilder dem Gotteswunder gleichen, und mit hundertzehn Jahren wird jeder Punkt und jeder Strich das Leben selbst bedeuten."

Hokusai

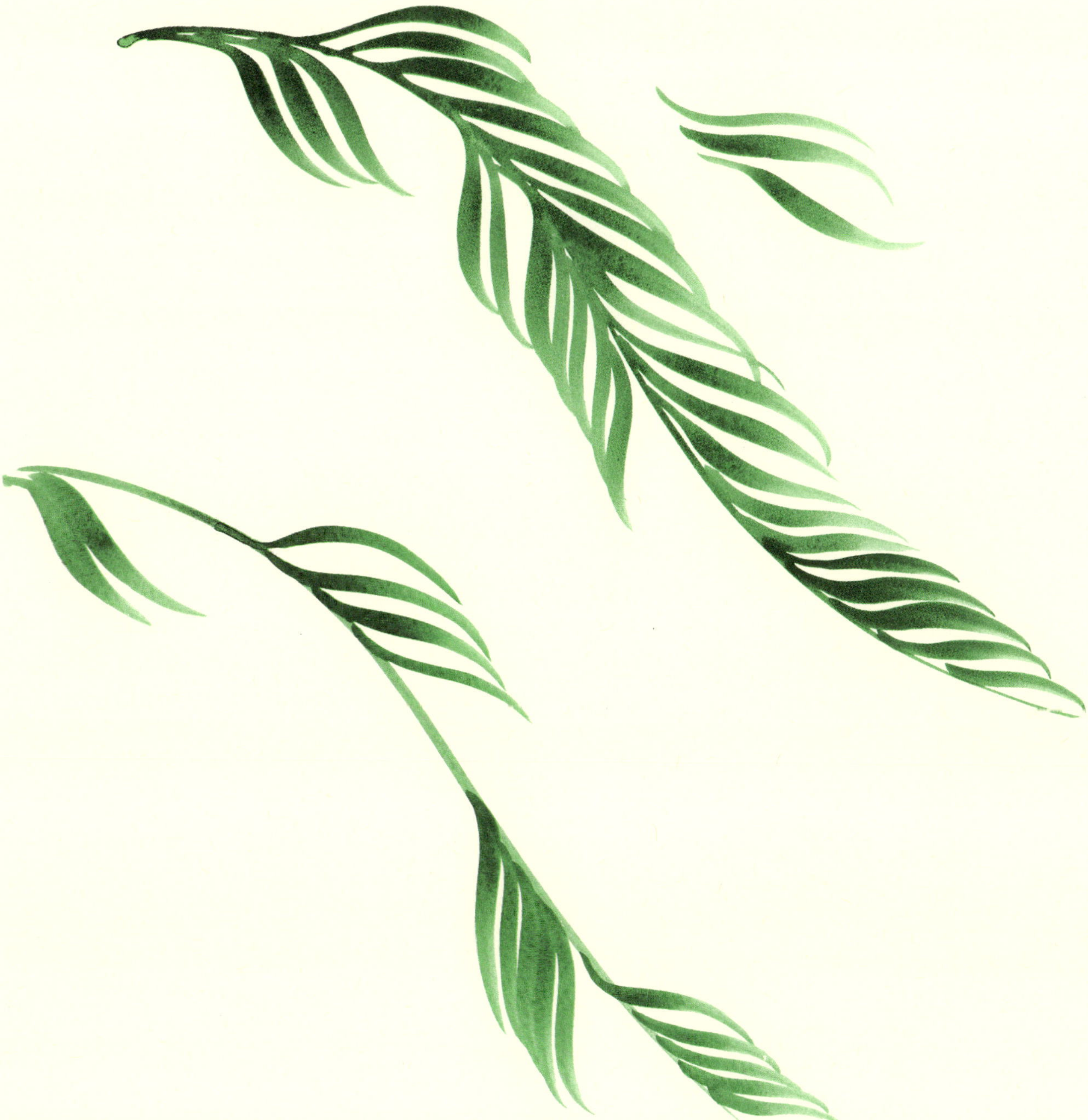

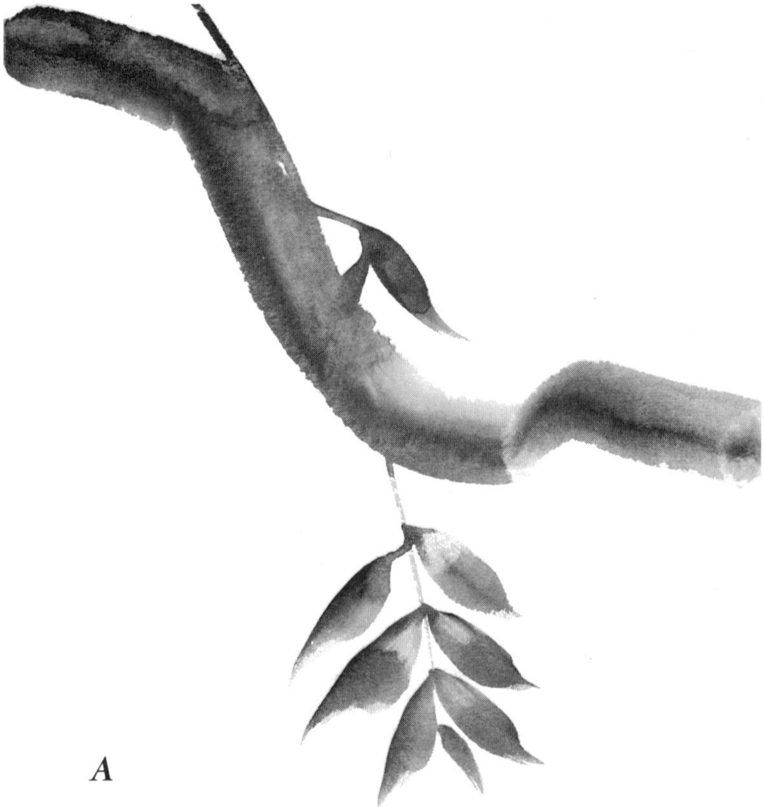

A

ÄSTE UND ZWEIGE

Baumstrukturen haben senkrechte, diagonale und konkav-konvexe Linienverläufe. Verzweigungen zeigen an ihrer Basis Verdickungen, statisch konstruktive Verhärtungen. Diese entsprechen dem Vorgang der Stabilisierung und der Konzentration von Wachstumsenergie.
Die Zeichnung A ist die Wiederholung einer typischen Formgeste des Baumes, die Drehung, Kurve und plötzliche Gerade verbindet. Dieses Rhythmogramm eines Akazienastes wurde aus dem Gedächtnis gezeichnet.

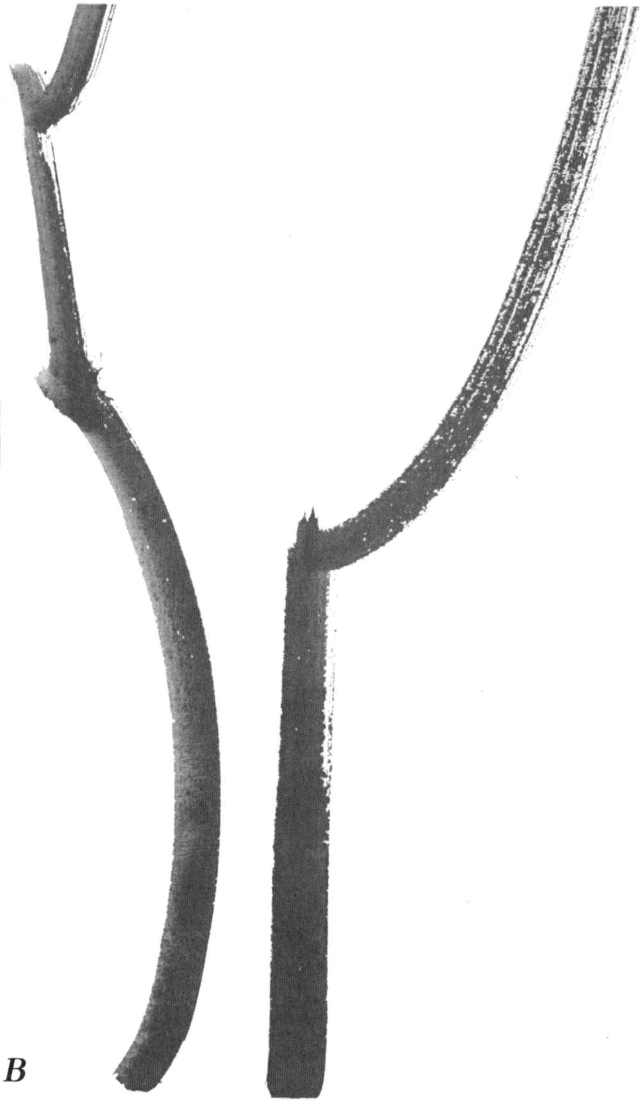

B

RHYTHMOGRAMME, ABBILDUNG B
Verdünnte Tempera, Deckfarbe oder Tusche, aufgetragen mit den für die Ölmalerei üblichen Flachpinseln mit kurzen Borsten. Die Breite des Pinsels soll der Breite der jeweils zu zeichnenden Form entsprechen.

ABLAUF DER ÜBUNG

Beachten Sie die technischen Hinweise auf Seite 23, bevor Sie mit der Übung beginnen. Füllen Sie den Pinsel reichlich mit Farbe, und setzen Sie ihn an der unteren Papierkante senkrecht auf. Führen Sie ihn in einem Zug bis zum Ende eines Wachstumsabschnittes nach oben. Mit verstärktem Druck den gleichen oder einen schmaleren (feineren) Pinsel an der Verzweigungsstelle neu aufsetzen und die Formfächerung fortsetzen. Zeichnen Sie jede Formgeste im Stehen und ohne Auflegen der Hand und wiederholen Sie die Übung, bis Sie auch bei geschlossenen Augen gelingt.

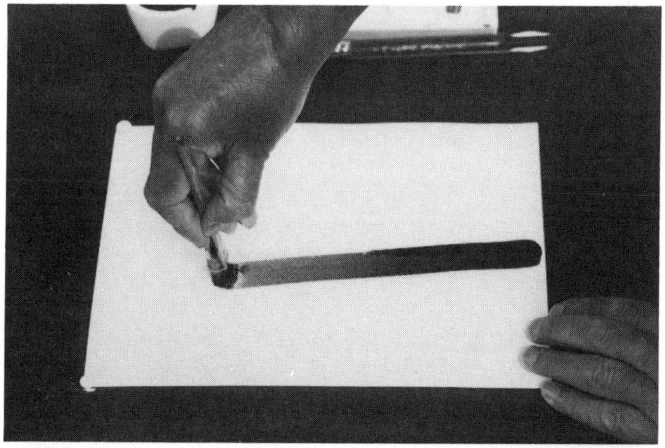

C

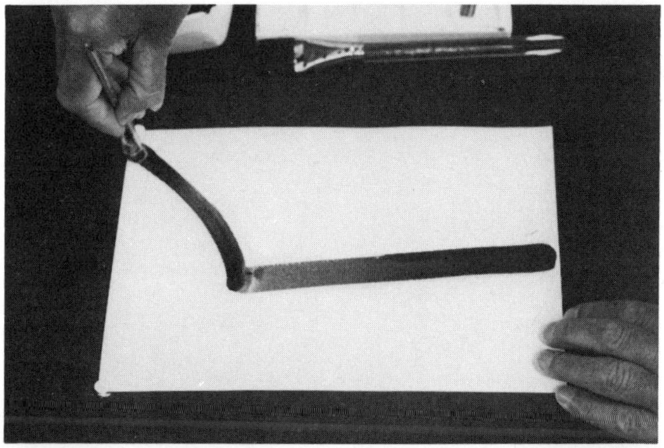

D

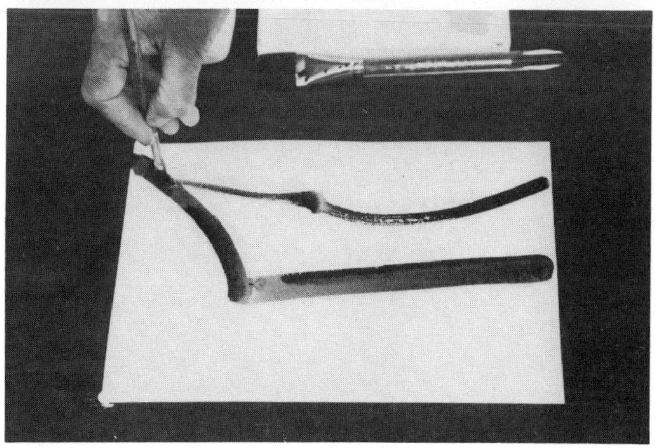

E

ABBILDUNG C

Den in voller Breite aufgesetzten Borstenpinsel mit gleichmäßigem Druck senkrecht nach oben führen.

ABBILDUNG D

Am Ende des ersten Wachstumsabschnittes den Pinsel neu aufsetzen und die gebogene Wachstumslinie bis an die obere Kante des Papiers ziehen.

ABBILDUNG E

Der Konzentrationspunkt am Anfang der geraden Wachstumslinie entsteht durch energischen Druck des senkrecht gehaltenen Pinsels.

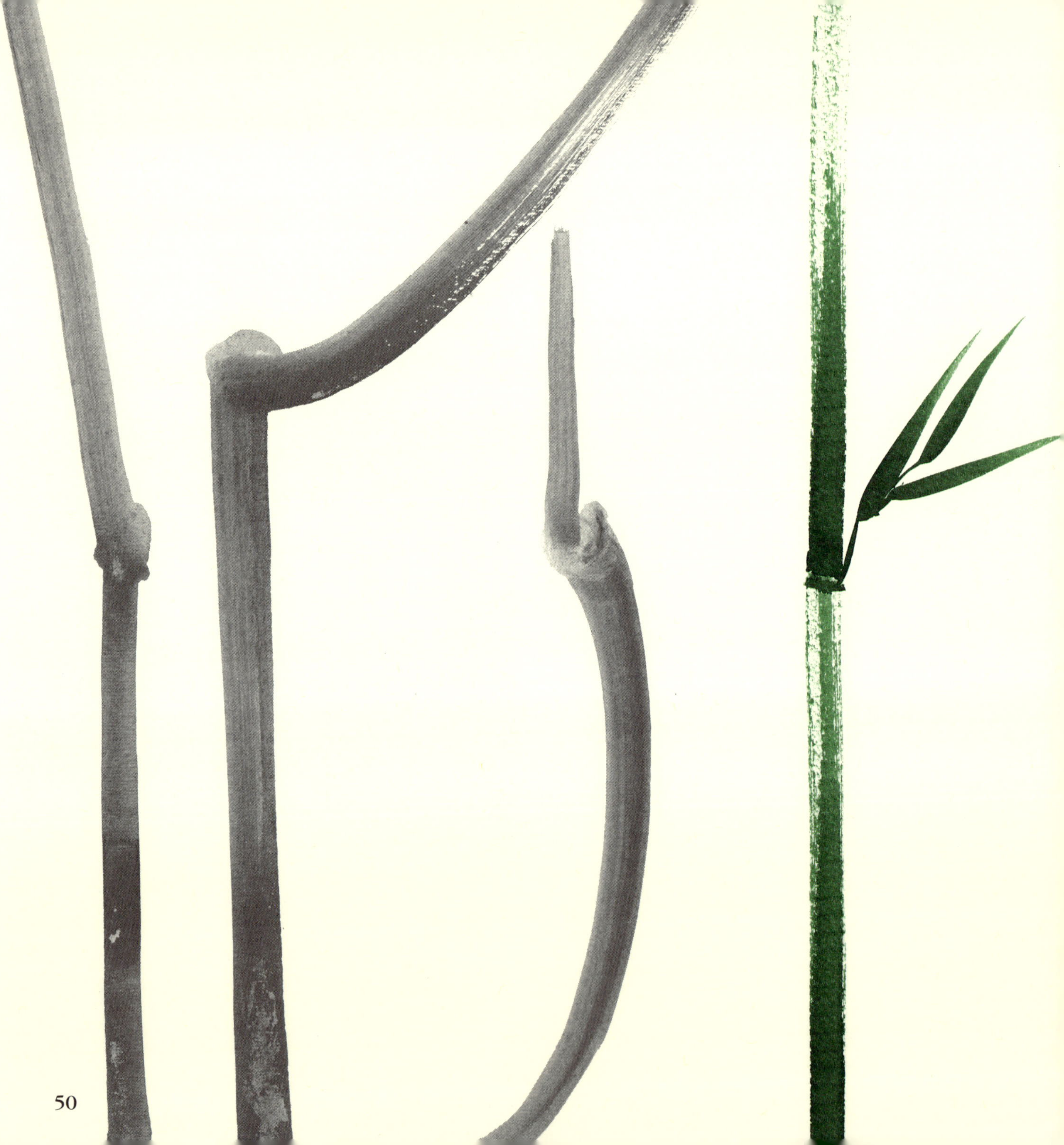

BAMBUS

Versuchen Sie bei diesen Übungen, Ihren Atemrhythmus der Zeichnung anzugleichen. Bewußtes Atmen hilft auch, ablenkende Gedanken und andere äußere Einflüsse auszuschalten. Denken Sie auch an die übrigen Ratschläge und technischen Hinweise, bevor Sie mit dieser Übung beginnen. Arbeitsmaterial: Benutzen Sie Tempera oder Deckfarbe, einen 3 cm breiten Flachpinsel und für feinere Verzweigungen, Blattstiele und Blattformen einen großen Aquarellpinsel mit feiner Spitze, Aquarell- oder kräftiges Zeichenpapier.

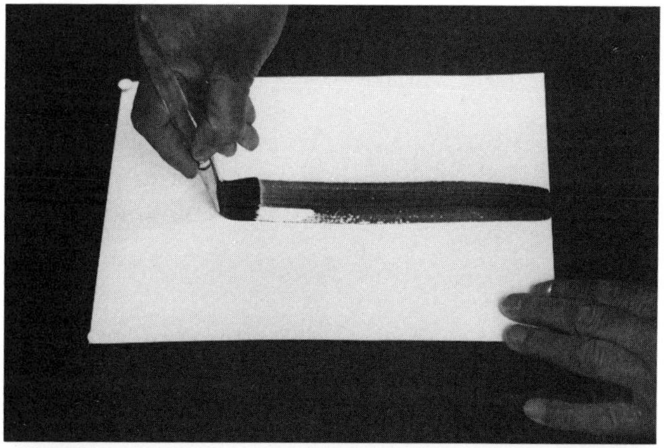

A

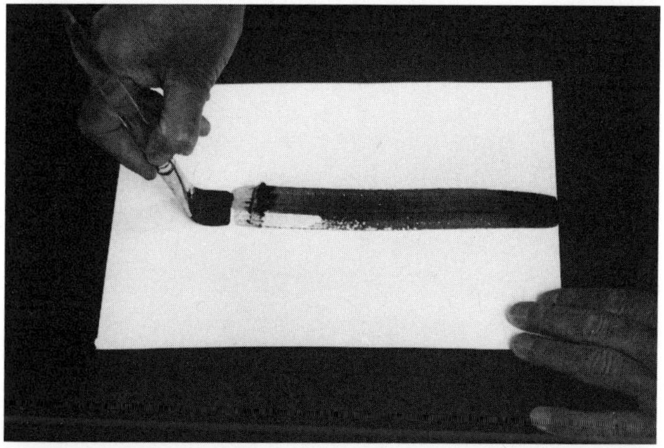

B

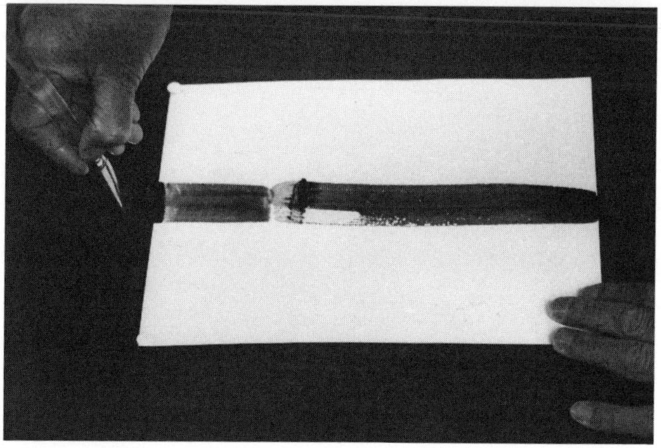

C

ABBILDUNG A
Den Flachpinsel an der unteren Papierkante aufsetzen und in einer gleichmäßigen ruhigen Bewegung bis zum Ende des ersten Wachstumssegments nach oben führen.

ABBILDUNG B UND C
Mit dem neu mit Farbe gefüllten Pinsel das zweite Segment bis zur oberen Papierkante ziehen.

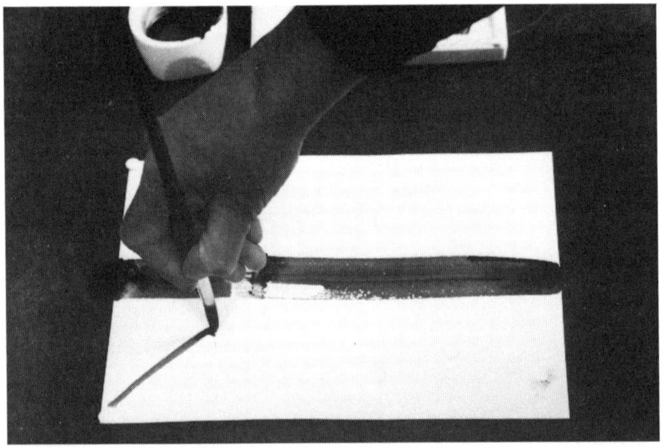

D

ABBILDUNG D

Mit dem Aquarellpinsel in einer schnellen Bewegung und bei geringem Papierkontakt und ohne Modulation den Stiel eines Bambusblattes von oben nach unten zeichnen.

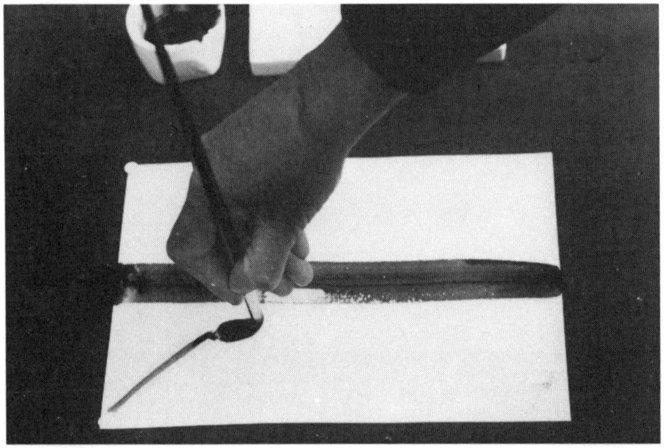

E

ABBILDUNG E UND F

Blattformen entstehen durch energisches Aufsetzen und Wegziehen des Pinsels. Den Auflagedruck entsprechend dem Formcharakter der Blätter verringern.

ABBILDUNG G

Die fertige Zeichnung. Größe der Originale auf diesen Seiten: 30 × 42 cm.

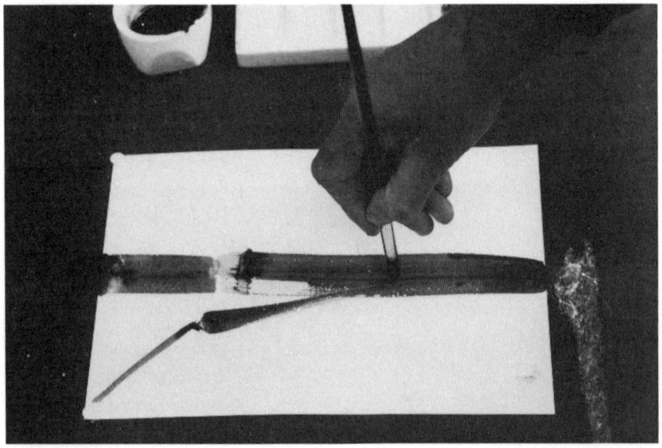

F

G

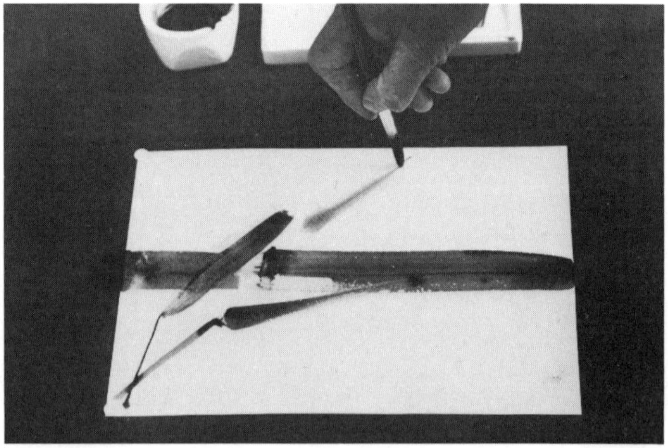

EIN-PINSEL-TECHNIK

Bei den Zeichnungen auf dieser und der nächsten Seite wird nur mit dem großen Aquarellpinsel oder einem japanischen Pinsel gearbeitet. Zur Zeichnung des Stammes den Pinsel quer zum Wachstumsverlauf aufsetzen und bis zum Ende eines Segments nach oben schieben. (Abb. H bis L).

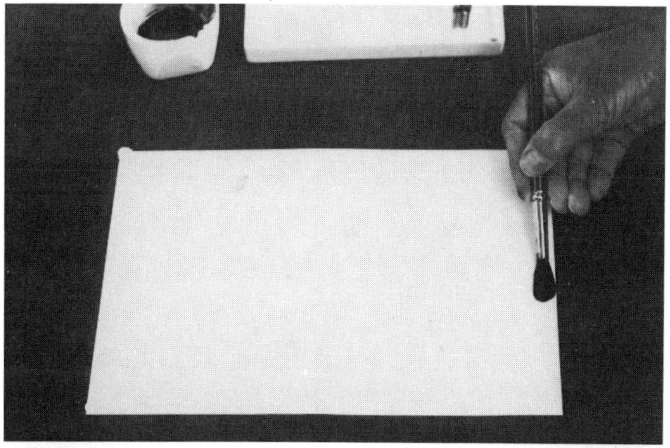

H

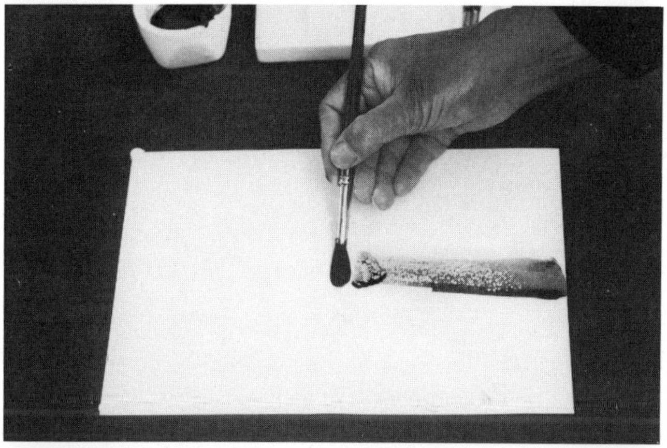

I

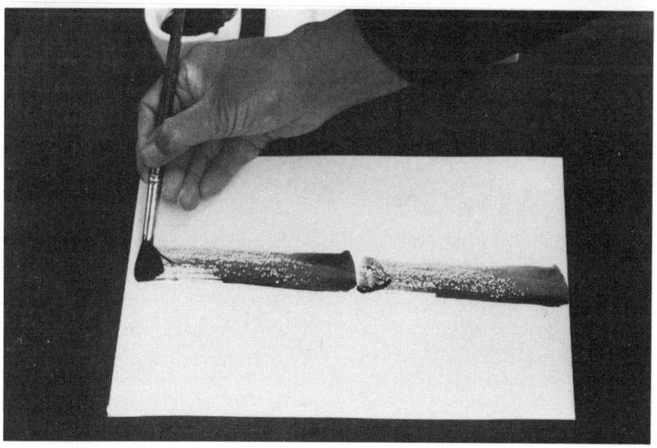

K

L

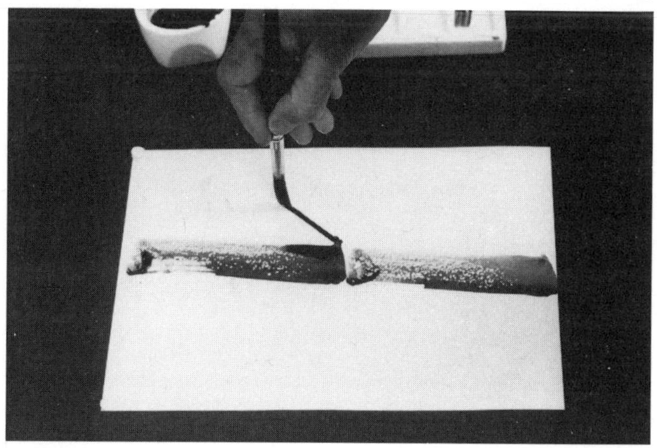

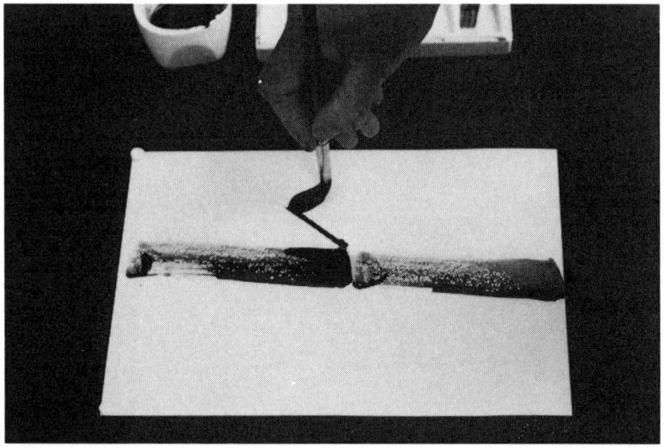

M

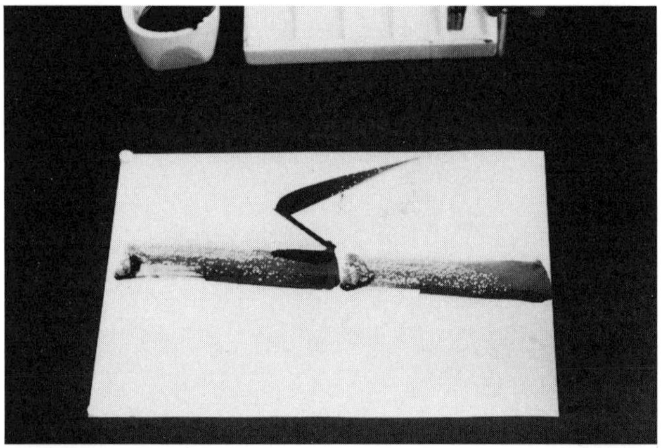

N

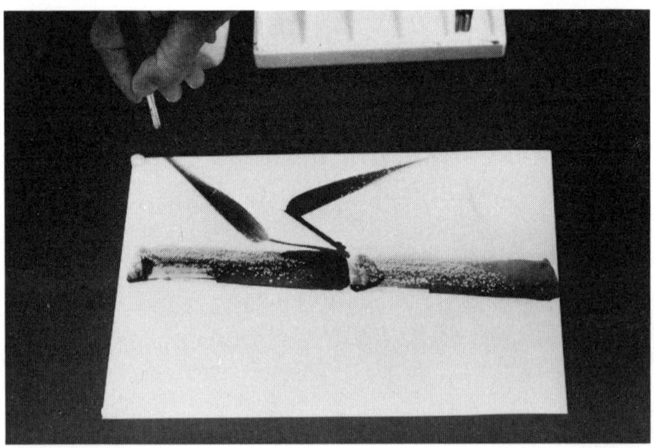

O

ABBILDUNGEN M UND N
Die Stiele und Blattformen zeichnen, dabei den Pinsel energisch aufsetzen und wegziehen mit unterschiedlichem Auflagedruck, dem Formcharakter der Blattform entsprechend.

ABBILDUNG O
Die fertige Zeichnung.

STATISCHE UND FLIESSENDE FORMEN DER PFLANZEN

Zu den Hauptlinien einer Pflanze, dem Höhenwachstum (vertikales System) kommen die Begleitlinien, die vielfältig kontrastierenden, den Raum durchstellenden Formsysteme. Sie bestimmen die Gestalt der Pflanze.

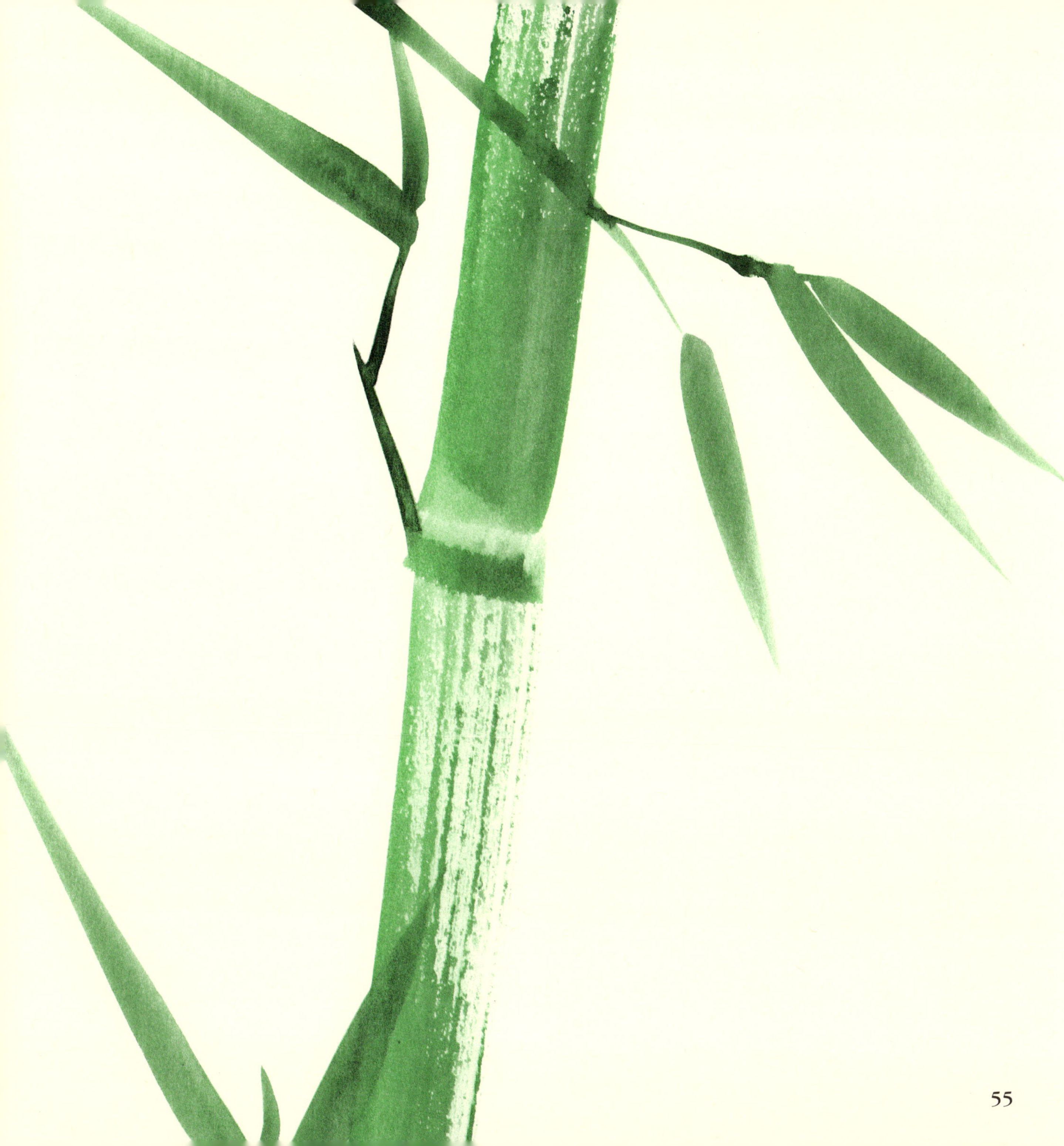

ABLAUF DER ÜBUNG

Arbeitsmaterial: Flachpinsel mit Borsten in verschiedenen Breiten, ein großer Aquarellpinsel (mit feiner Spitze) oder ein chinesischer oder japanischer Tuschpinsel, verdünnte Tusche, Tempera oder Deckfarbe, Papier von mittlerer Saugfähigkeit.

ABBILDUNG A

Die Stämme mit einem 2 cm breiten Flachpinsel in zwei, dem Wachstumsverlauf folgenden Abschnitten zeichnen. Unserem Hang zur Schematisierung entgegenwirken, indem Sie berücksichtigen, daß die Länge der Wachstumssegmente wechselt. Die Bambusblätter mit dem Aquarellpinsel zeichnen. Den Stiel des Blattes durch schnelle Führung des zur Spitze geschlossenen Pinsels bei geringem, aber völlig gleichmäßigem Papierkontakt zeichnen. Am Stielende den Pinsel mit vollem Druck aufsetzen und, der Blattform entsprechend, mit schneller Druckverringerung nach unten ziehen und vom Papier abheben.

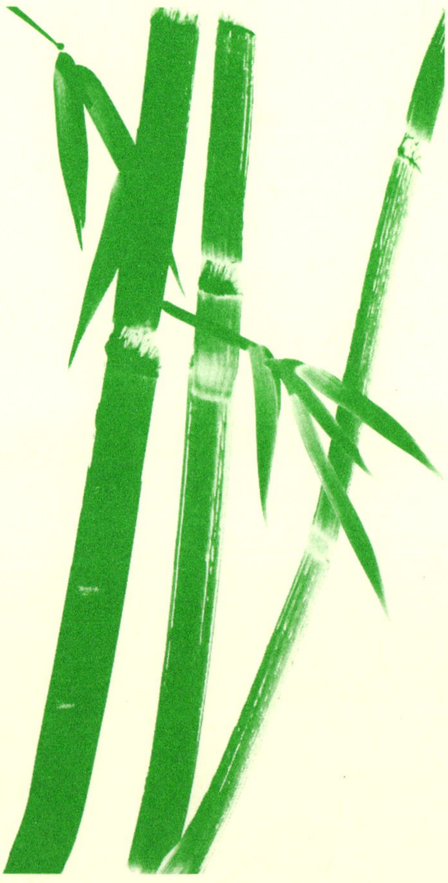

A

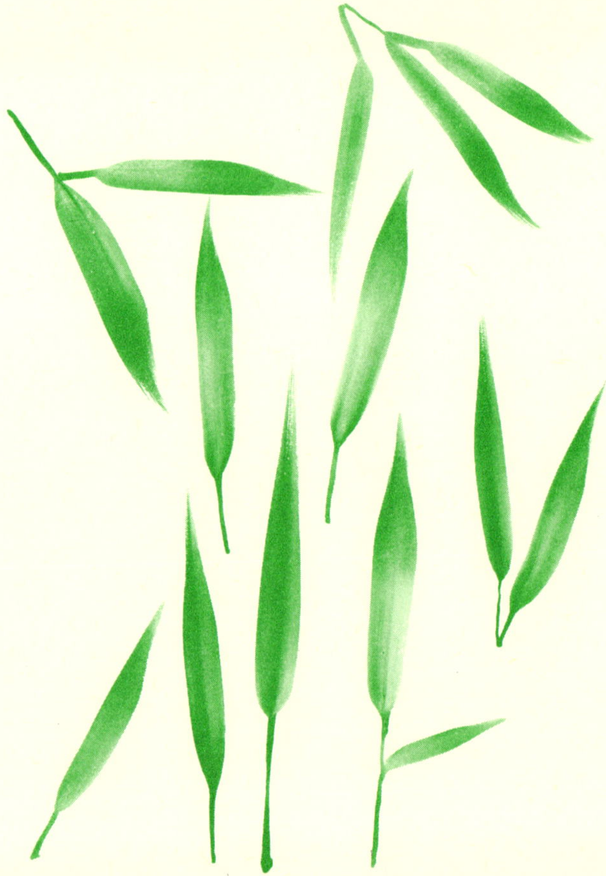

B

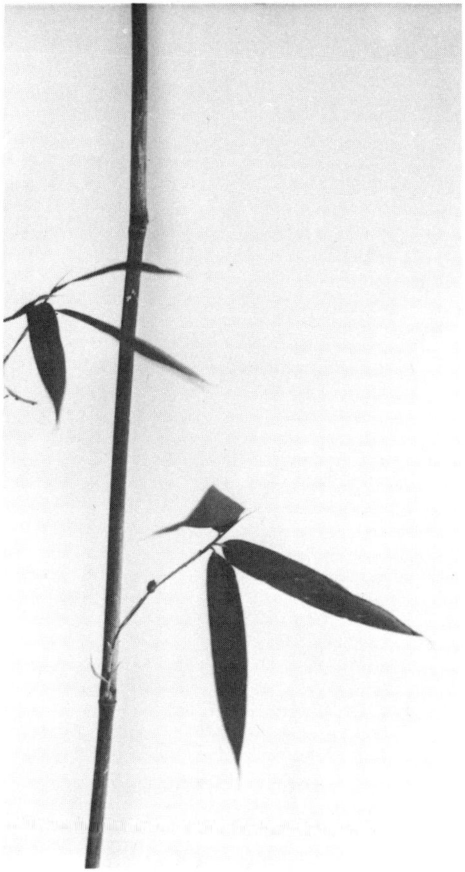

C

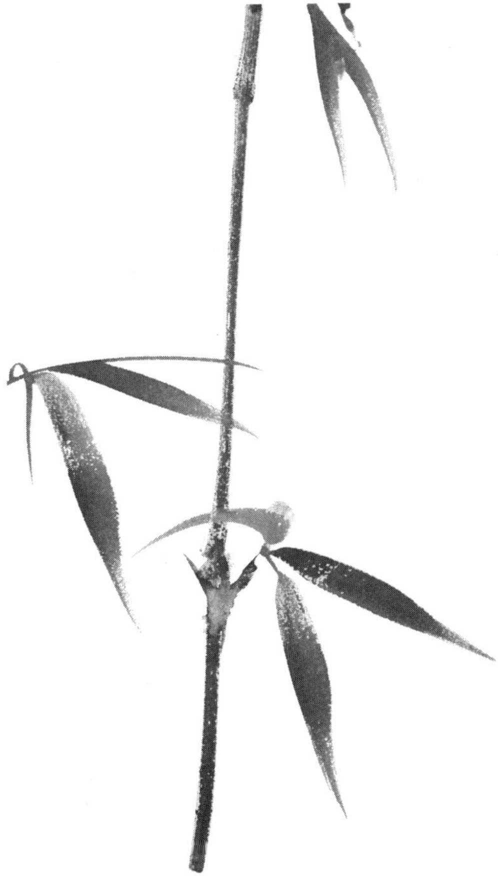

D

ABBILDUNG B

Bambusblätter: Durch wechselnden Druck des Aquarellpinsels ergeben sich verschiedene Schwerpunkte der Blattformen. Nach dem Stiel, am Ansatz des Blattes, den Pinsel aus einer fließenden Bewegung heraus nach außen drehen, aber den Papierkontakt zur Blattspitze hin verringern. Mit dem Zeichnen der Rhythmogramme lassen sich Atemübungen verbinden. Rhythmus und Intensität des Ein- und Ausatmens folgen dabei dem Entstehen der graphischen Form.

ABBILDUNGEN C UND D

Die meditative Zeichnung in Übereinstimmung mit dem Naturbild (Photo eines Naturausschnitts, Abbildung C). Die Zeichnung hat den charakteristischen Formverlauf der Pflanze aufgenommen.

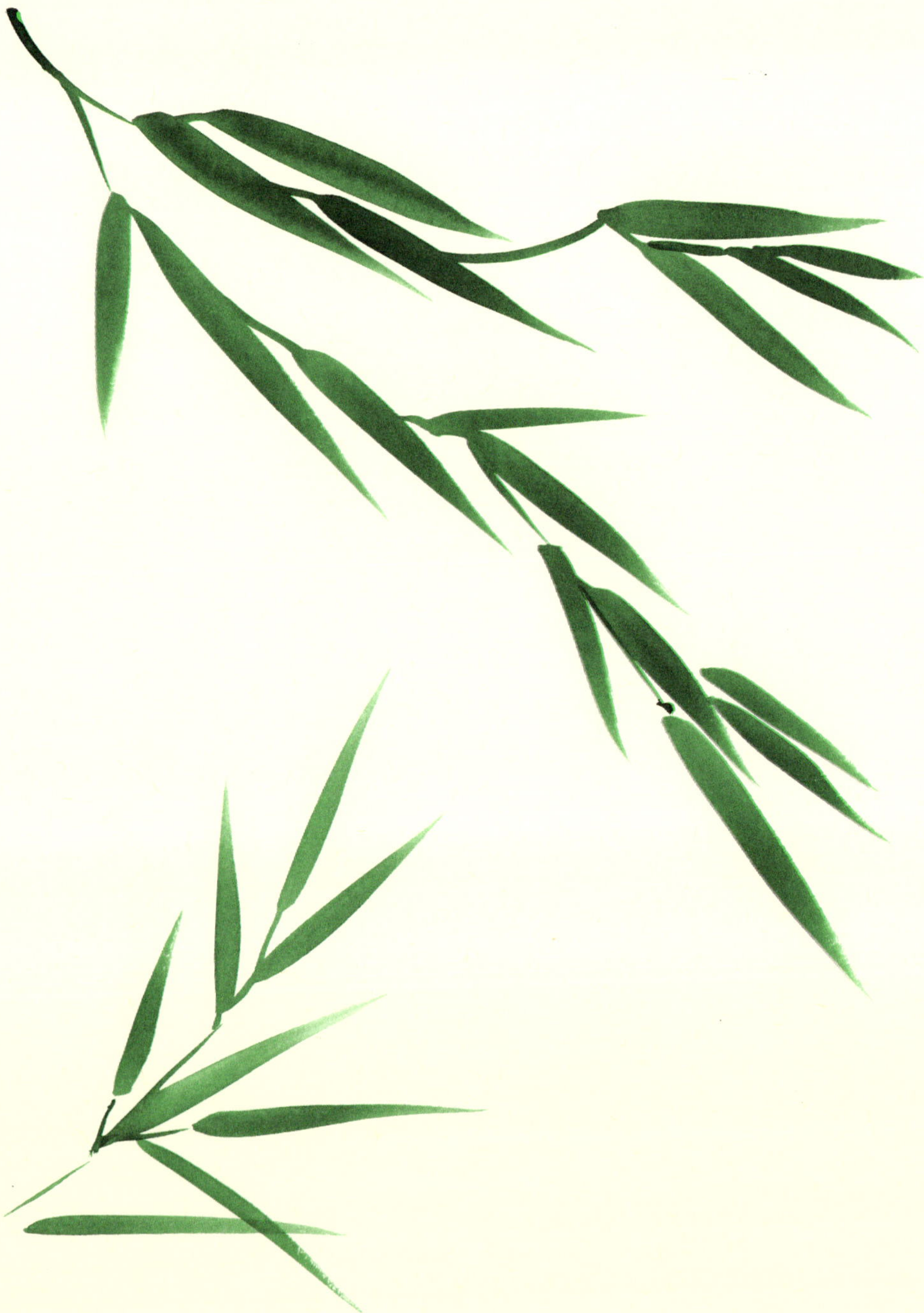

Erst nachdem das Bewegungsbild (der typische Formausdruck einer Pflanze) für immer zu einer inneren Erfahrung geworden ist, kann eine Übungsreihe wie diese aus dem Gedächtnis entstehen. Sie gelingt nach einer langen Phase der meditativen Betrachtung. Durch konfrontatives Abzeichnen des Modells wäre ein solches Ergebnis niemals zu erreichen.
Arbeitsmaterial: Für stärkere Äste ein Flachpinsel in entsprechender Breite, für feinere Verästelungen ein

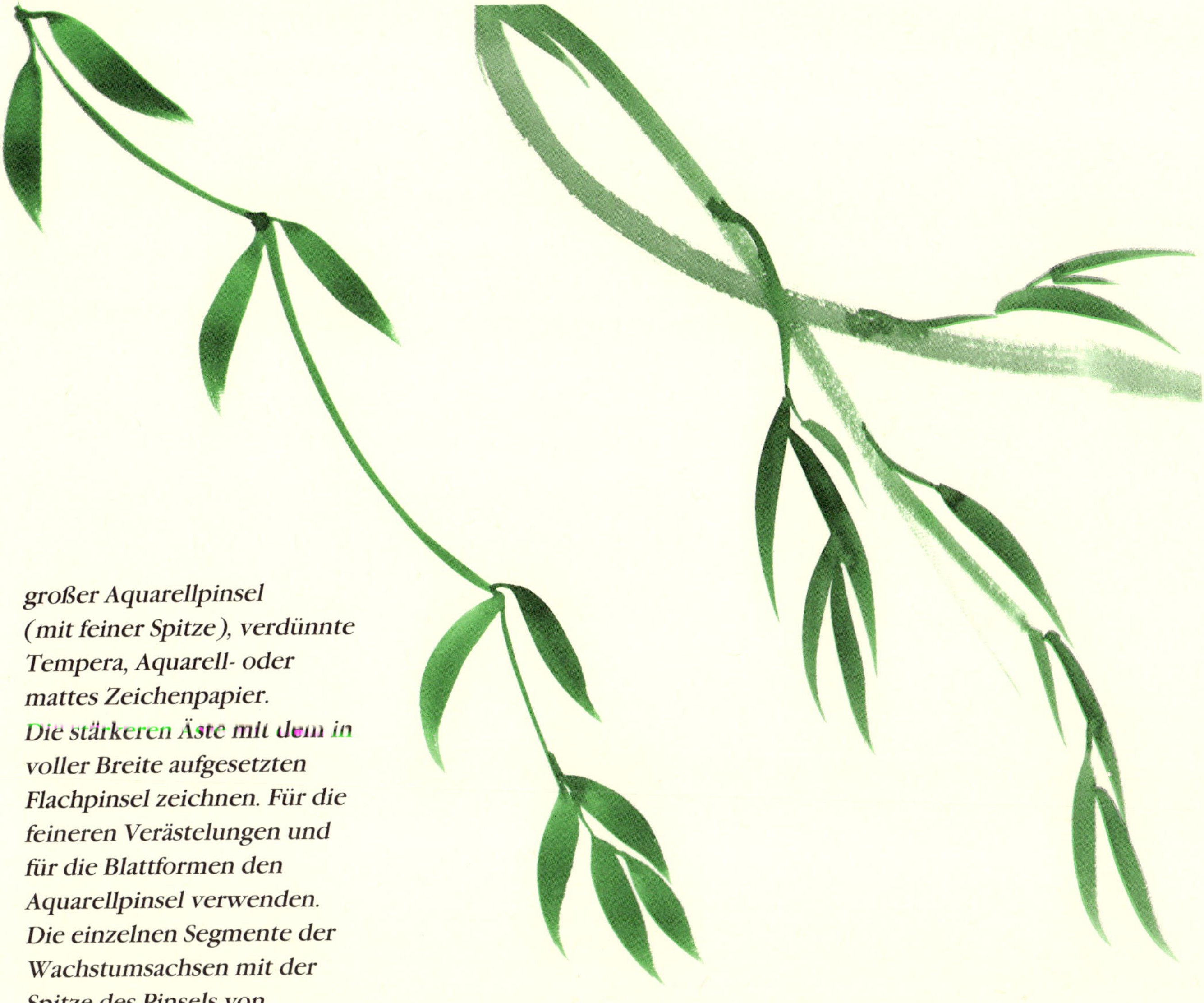

großer Aquarellpinsel (mit feiner Spitze), verdünnte Tempera, Aquarell- oder mattes Zeichenpapier. Die stärkeren Äste mit dem in voller Breite aufgesetzten Flachpinsel zeichnen. Für die feineren Verästelungen und für die Blattformen den Aquarellpinsel verwenden. Die einzelnen Segmente der Wachstumsachsen mit der Spitze des Pinsels von oben nach unten zeichnen. Die weiche, fallende Formtendenz der Pflanze verlangt eine langsame rhythmisierte Führung des Aquarellpinsels.

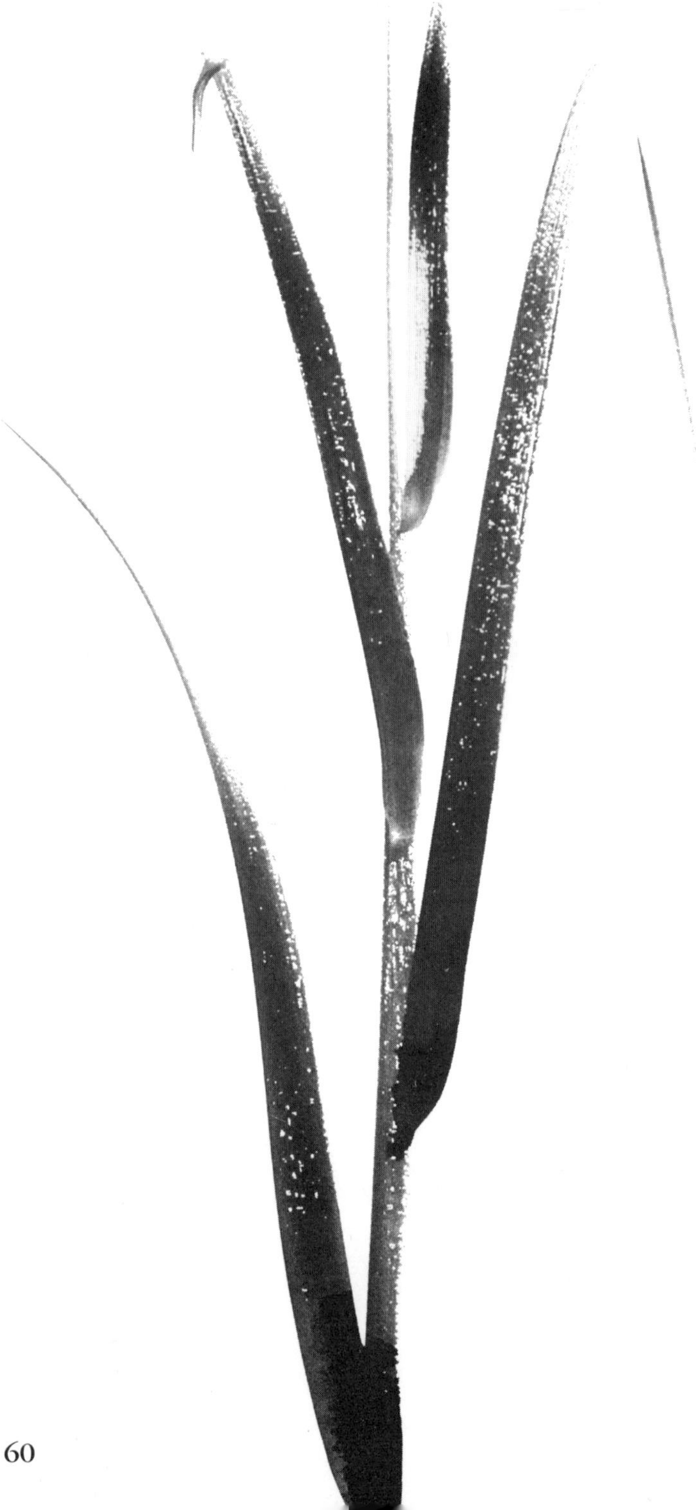

SCHILF

Die nachfolgend abgebildeten Rhythmogramme verbinden gerade und geschwungene Linien, geometrisch verfestigte und weich fließende Flächenformen. Auch diese Übungen gelingen nur durch wiedergewonnenes rhythmisches Empfinden. Arbeitsmaterial: Aquarellpinsel, verdünnte schwarze Tempera, Aquarellpapier. Folgen Sie, wenn Sie diese Übungen nachvollziehen wollen, der vertikalen Hauptrichtung des Wachstums. Führen Sie den gefüllten Aquarellpinsel bei gleichbleibendem Druck in einer blitzschnellen Bewegung von unten nach oben. Setzen Sie den Pinsel dort ab, wo Segmente enden und Verzweigungen beginnen. Von der so entstandenen Achse aus zeichnen Sie die seitlich ausschwingenden und teils nach unten zurückführenden Blattformen. Schauen Sie sich in diesem Zusammenhang noch einmal die Abbildung A auf Seite 40 an, die ohne meditative Übung entstanden ist.

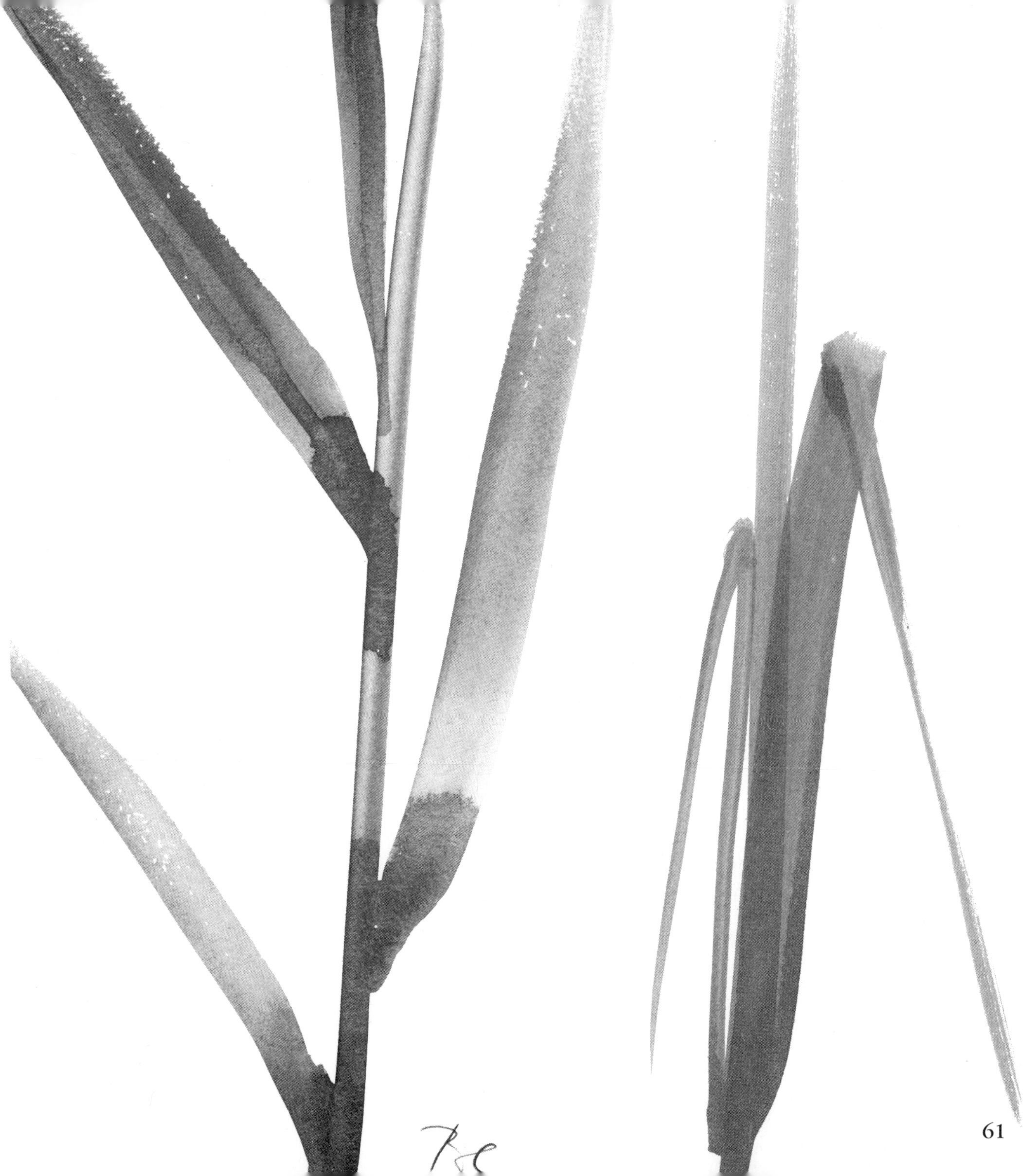

GRÄSER

Die Rhythmogramme auf dieser Seite werden mit einem großen Aquarellpinsel mit feiner Spitze und verdünnter grüner Deckfarbe gezeichnet.
Folgen Sie mit dem Pinsel der Hauptwachstumsrichtung durch eine blitzschnelle Handbewegung. Die Begleitformen entstehen durch wechselnden Druck des Pinsels. Stets dem Wachstumsverlauf folgend, von der Achse ohne abzusetzen nach außen zeichnen!

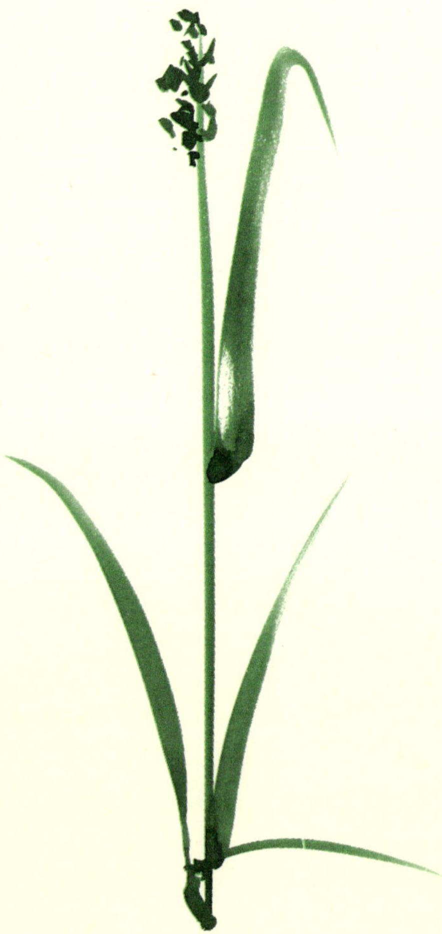

ROHRKOLBEN

Die Wachstumsachse mit einem Borsten-Flachpinsel, die Blätter mit einem großen chinesischen Tuschpinsel zeichnen. Die Rohrkolben durch Querlegen des Tuschpinsels in einem Zug von unten nach oben zeichnen.

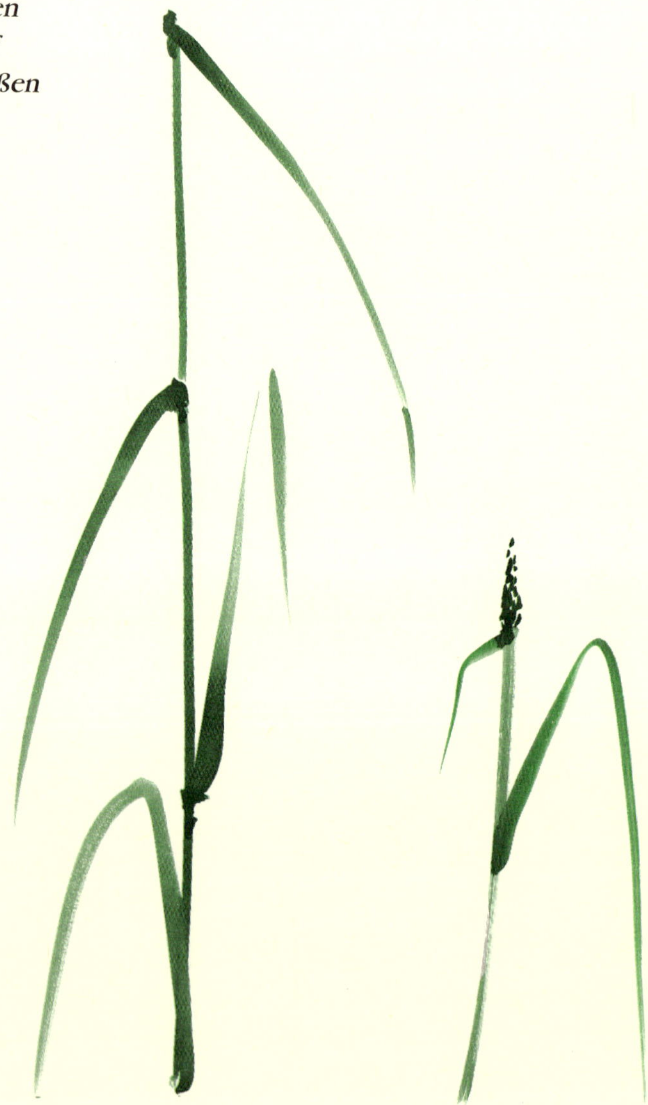

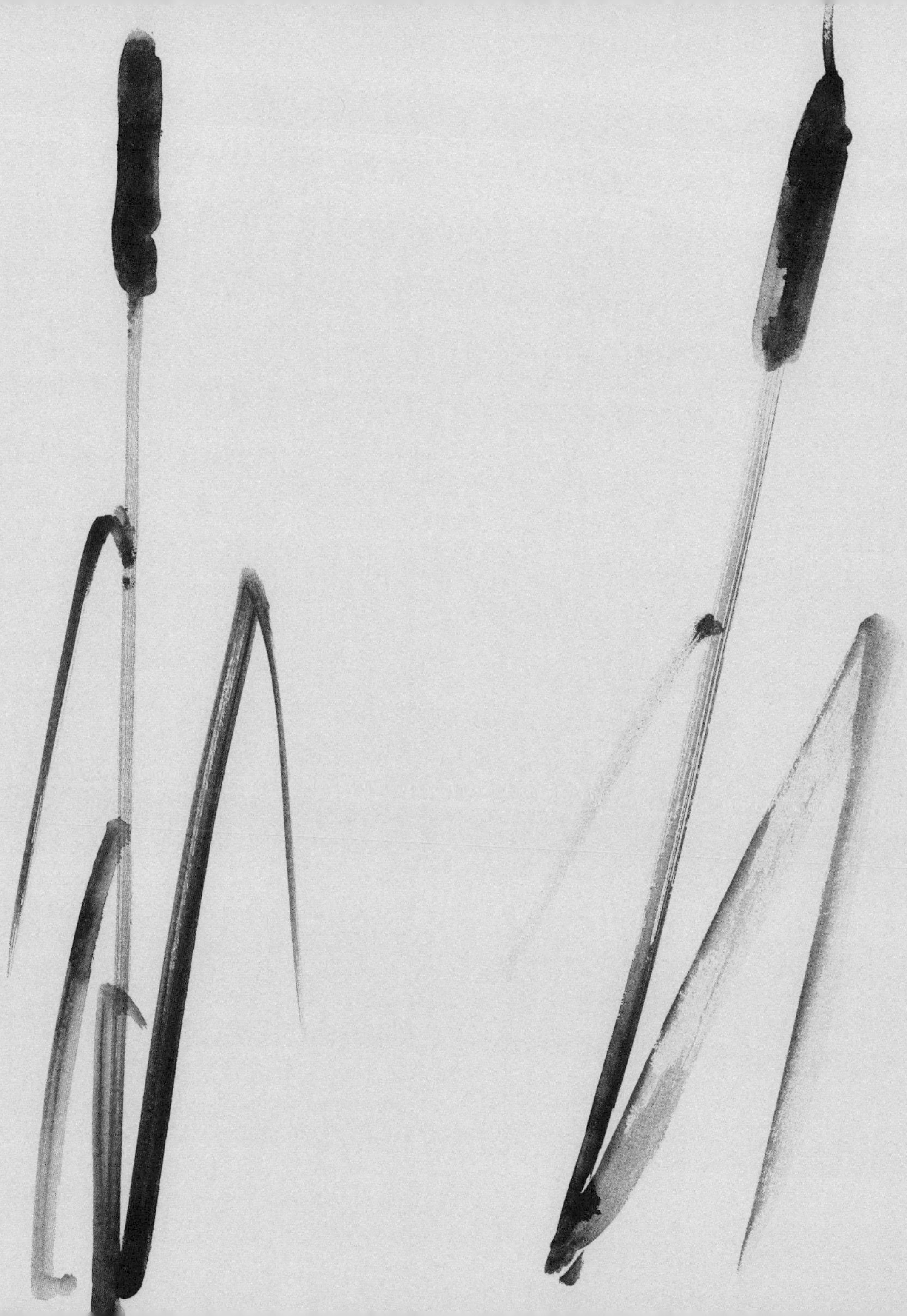

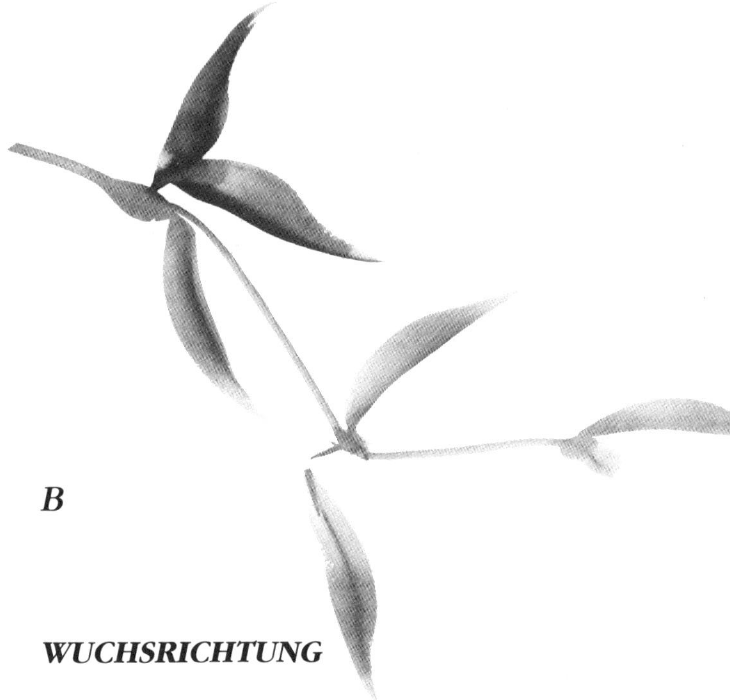

B

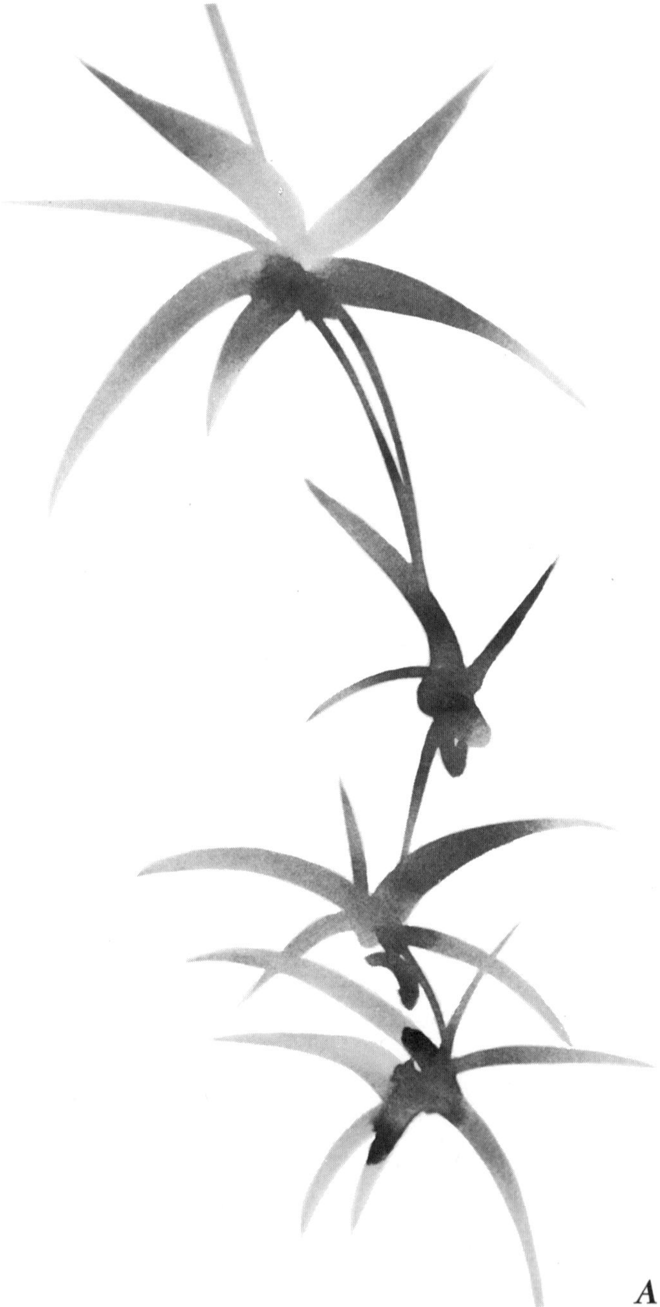

A

WUCHSRICHTUNG

In den zahllosen individuellen Abwandlungen erkennt man das übergeordnete rhythmische Gesetz des Wachstums.

ABBILDUNG A

Spannungsvolle Ausgewogenheit darf nicht mit ornamentaler Symmetrie verwechselt werden. Achten Sie also bei jeder Zeichnung auf die natürliche Abweichung der Formverläufe.

ABBILDUNG B

Von oben nach unten verlaufende Achse, mit der Spitze des Aquarellpinsels im gleichen Richtungsverlauf zeichnen. Die Knotenpunkte ergeben sich durch plötzliche Druckverstärkung und Verzögerung der fließenden Linie. Die Blattformationen an den Knotenpunkten der Wachstumsachse beginnen.

PFLANZENFÄCHER

Das radial ausstrahlende Wachstum, die Entfaltung der Pflanze wiederholt sich in der meditativen Zeichnung. Arbeitsmaterial: Aquarellpinsel, Borsten-Flachpinsel (3 mm breit), verdünnte Tempera, Aquarellpapier.

ABBILDUNG C
Der Wechsel von Linie- und Flächenform ergibt sich wieder durch verstärkten oder verringerten Druck mit dem Aquarellpinsel.

ABBILDUNG D
Zyperngras. Bei diesem Rhythmogramm den Stiel in schneller Bewegung von unten nach oben mit einem 3 mm breiten Borsten-Flachpinsel zeichnen. Mit dem weichen, zur Spitze geformten und geschlossenen Aquarellpinsel die Blattformen mit sehr feiner Spitze zeichnen – analog der von einem Zentrum ausgehenden, sich in den Raum öffnenden Wachstumsenergie.

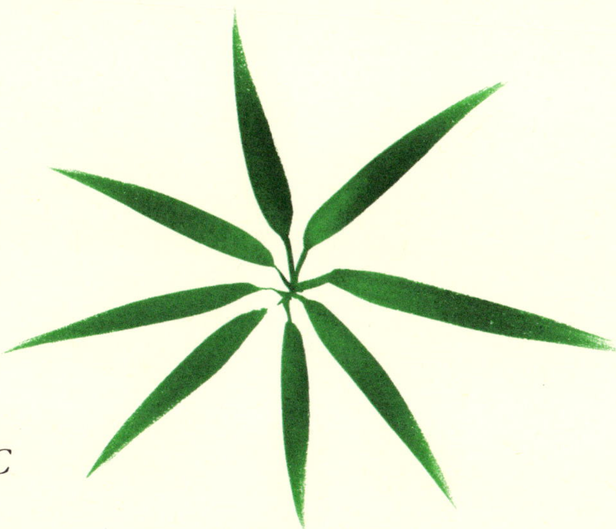

C

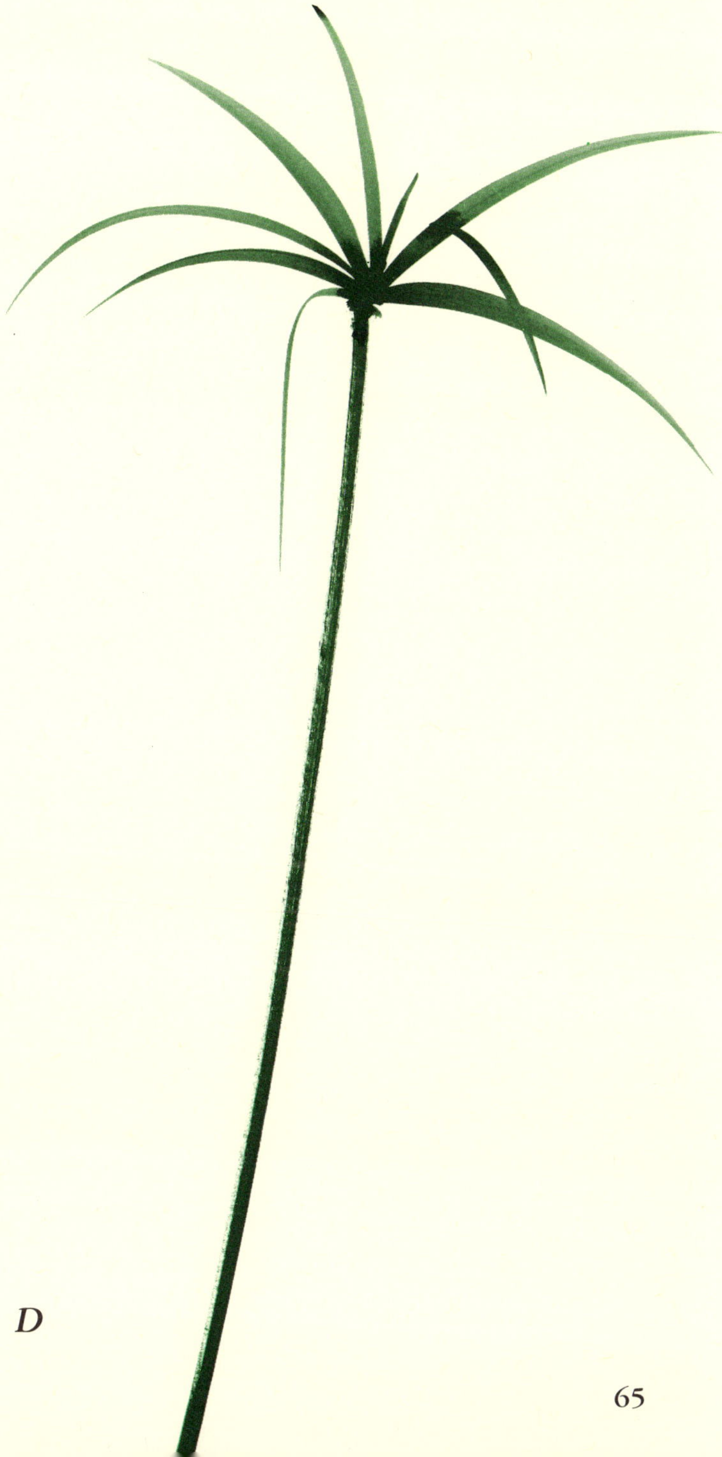

D

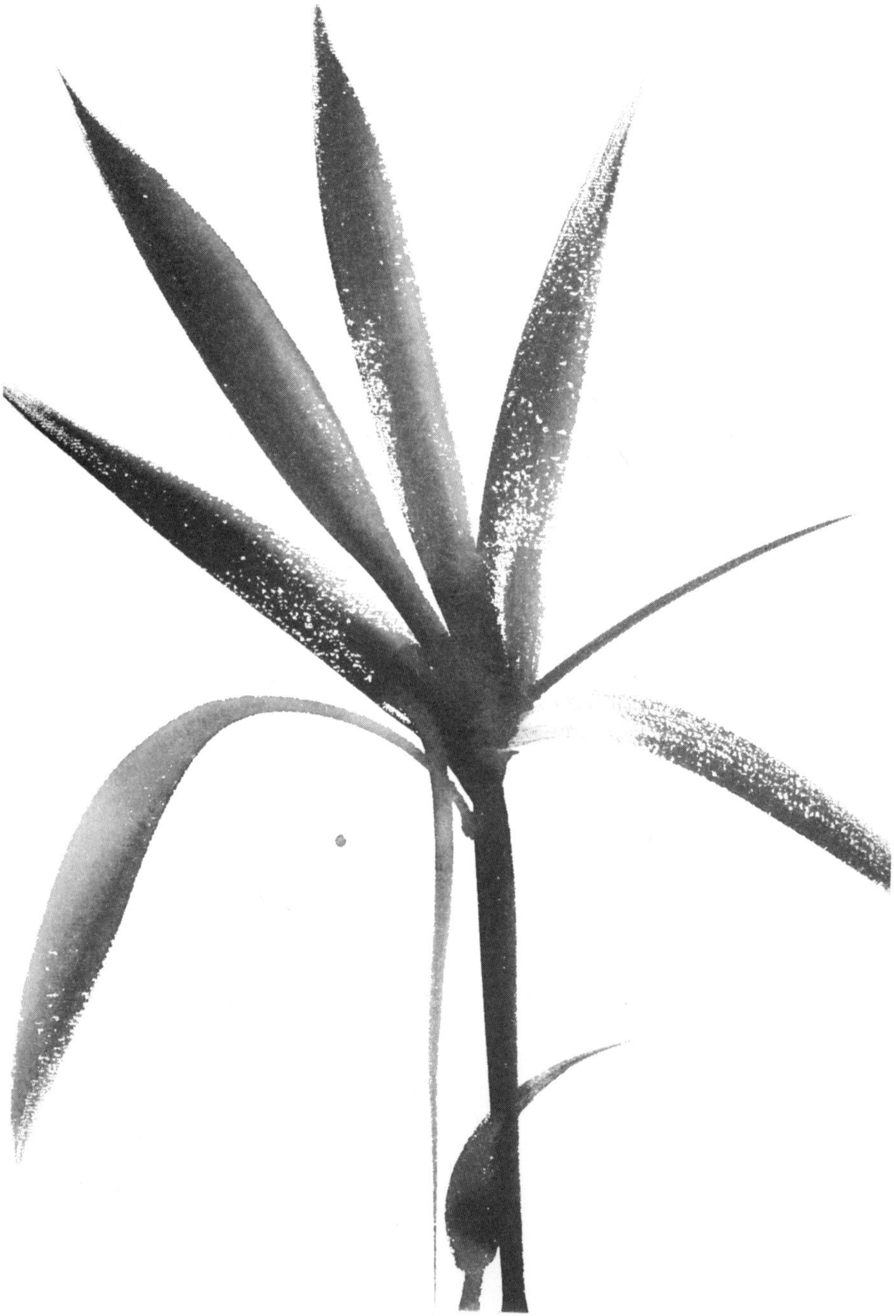

BLATTFÄCHERUNG

Immer wieder müssen wir unserer Neigung zur schematischen Darstellung widerstehen, – uns von diesem Zwang befreien. Ein plötzliches Abweichen der Richtungsverläufe, der Wechsel von breiten und schmalen Formen, von Formreihung zur Einzelform kennzeichnen die innere Verbindung mit dem Naturbild. Die Zeichnungen auf diesen beiden Seiten sind mit einem großen Aquarellpinsel und verdünnter Tempera entstanden.
Die Wachstumsachse mit geringem Druck zeichnen. Die breite Basis der Blattfächer entsteht durch energisches Aufsetzen des gefüllten Aquarellpinsels. Die Blattform dann in einer schnellen kurzen Bewegung zur Spitze hin schließen und den Pinsel abheben.

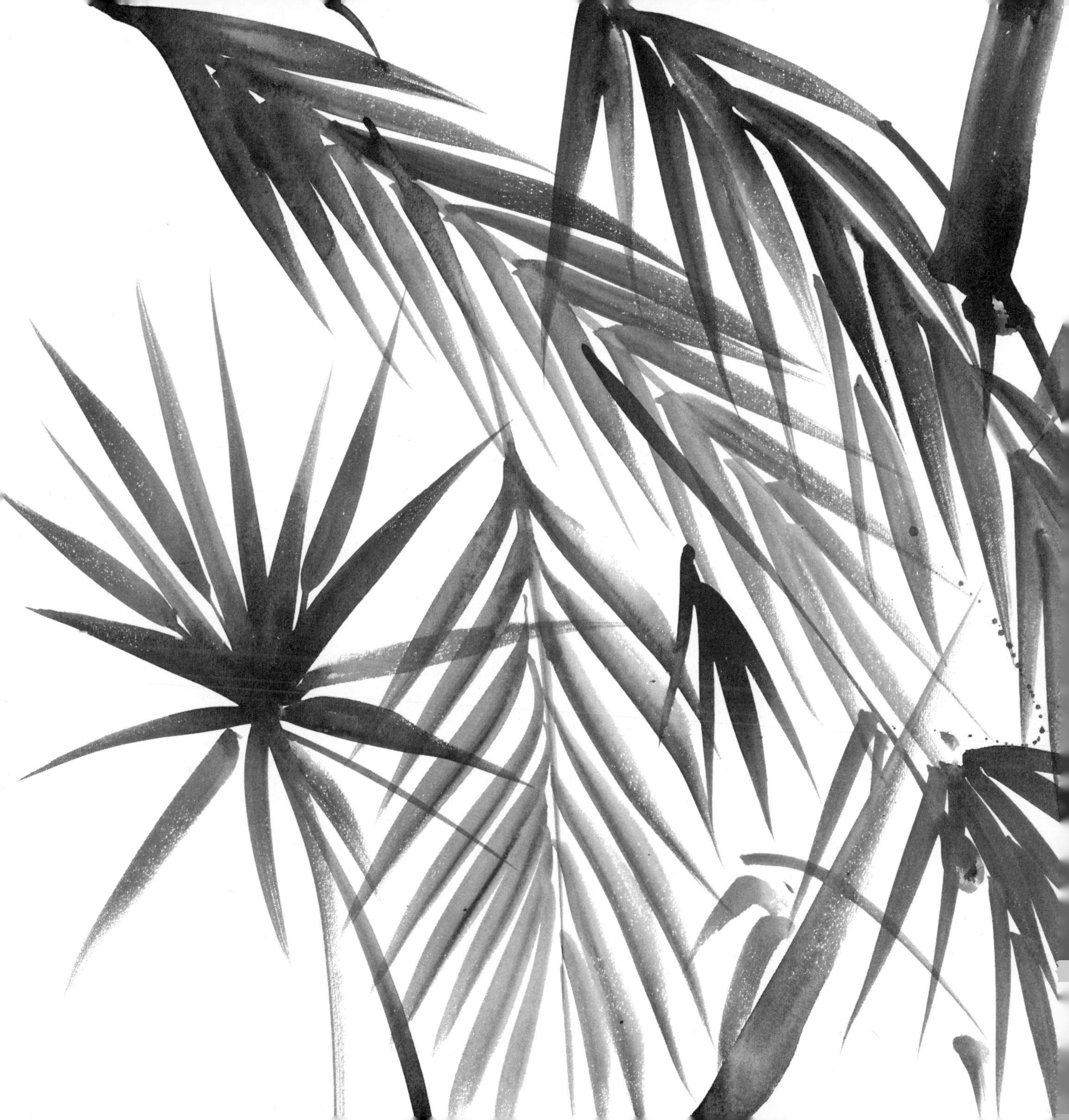

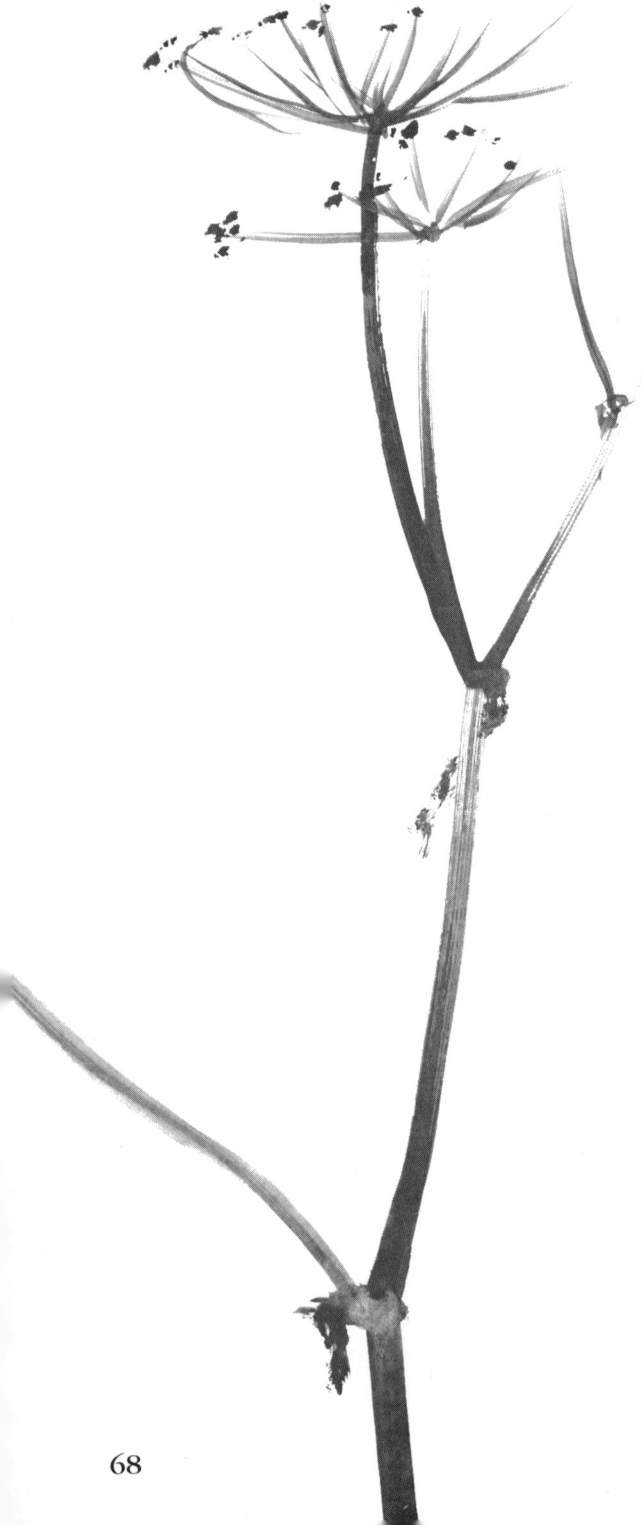

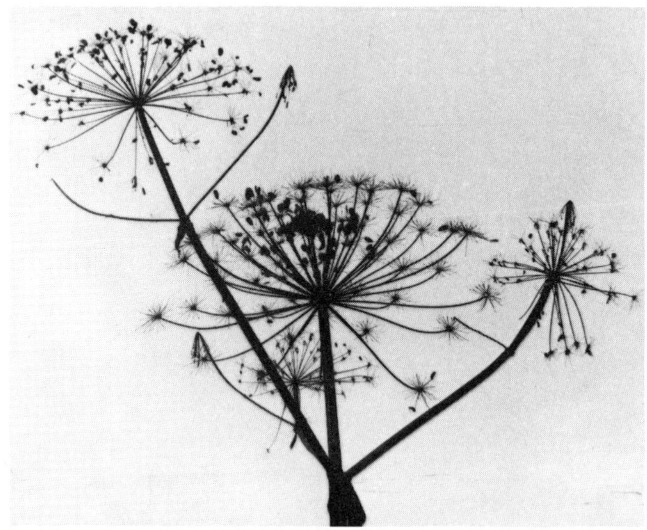

BÄRENKLAU, PHOTO UND ZEICHNERISCHE ARBEIT
Die mit einem schmalen Flachpinsel (Stamm, Verzweigung) und dem spitzen Aquarellpinsel in Tempera angelegte Zeichnung (links) nimmt den zwischen geometrischer Fächerung und gepunkteter Formauflösung (Blüten) wechselnden Bau der Pflanze auf, ohne das Naturbild zu kopieren. Es ist dies das dreißigste Blatt aus einer geduldigen meditativen Übungsreihe eines Zwanzigjährigen.

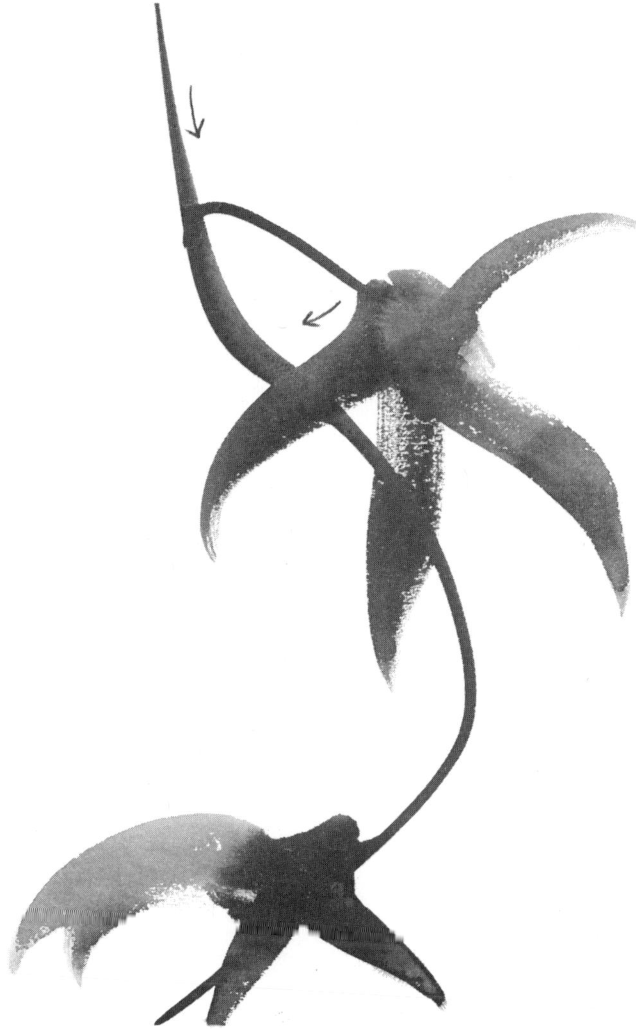

PINSELÜBUNGEN IN KONZENTRATION AUF DEN ATEM

Wie bereits erwähnt, beruht unsere enge Beziehung zu den Pflanzen nicht zuletzt auf der oft unbewußten Übereinstimmung des unverfälschten Körperausdrucks. Dazu gehört auch das Ein- und Ausatmen. Es besteht also die Möglichkeit, den Atemrhythmus an sichtbare Erscheinungen der Natur zu binden, die dem übergeordneten Gesetz energetischer Konzentration und Expansion unterliegen.

Wie in den linearen Rhythmogrammen wird die Lebendigkeit organischer Formen unmittelbar auf die bildnerische Übung übertragen. Das in Konfrontation zum Gegenstand, zur Naturform sonst übliche stufenweise Abzeichnen wird abgelöst. Die meditativen Zeichenübungen mit bewußtem Atmen beginnen auf Seite 70.

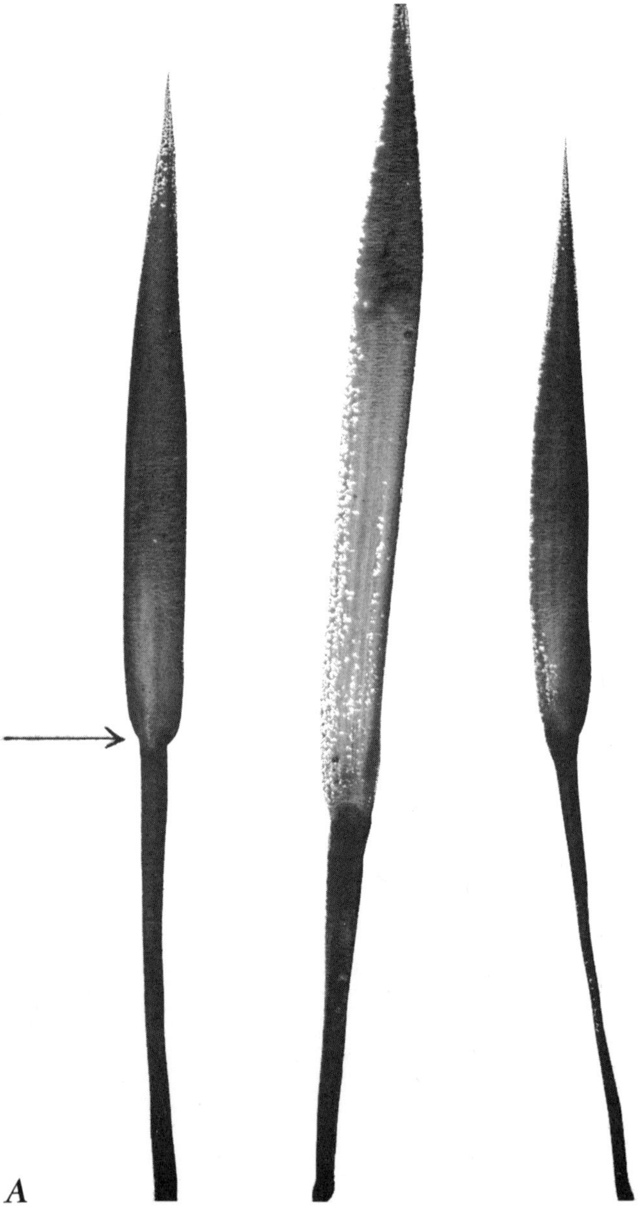

A

ATEMFIGUREN
Die Zeichnungen A, B und C entsprechen dem Atemrhythmus.
Arbeitmaterial: Aquarellpinsel, verdünnte schwarze Tusche, Aquarellpapier (DIN-A4-Format).

ABBILDUNG A
Den Aquarellpinsel an der unteren Kante des Papiers senkrecht aufsetzen, langsam und gleichmäßig einatmen und gleichzeitig den Pinsel nach oben ziehen (der Pfeil bezeichnet das Ende des Einatmens), den Atem anhalten, etwas kräftiger, aber gleichmäßig ausatmen und den Pinsel im gleichen Augenblick mit verstärktem Druck weiterführen.

ABBILDUNG B
Mit steigender Intensität langsam einatmen, den Atem anhalten (Pfeil) und schnell ausatmen.

ABBILDUNG C
Ruhig einatmen und ohne Anhalten des Atems den fließenden Übergang zum Ausatmen finden.
Dies sind drei Beispiele, wie man den Atemrhythmus beim meditativen Zeichnen dem Charakter einer Naturform anpassen kann.

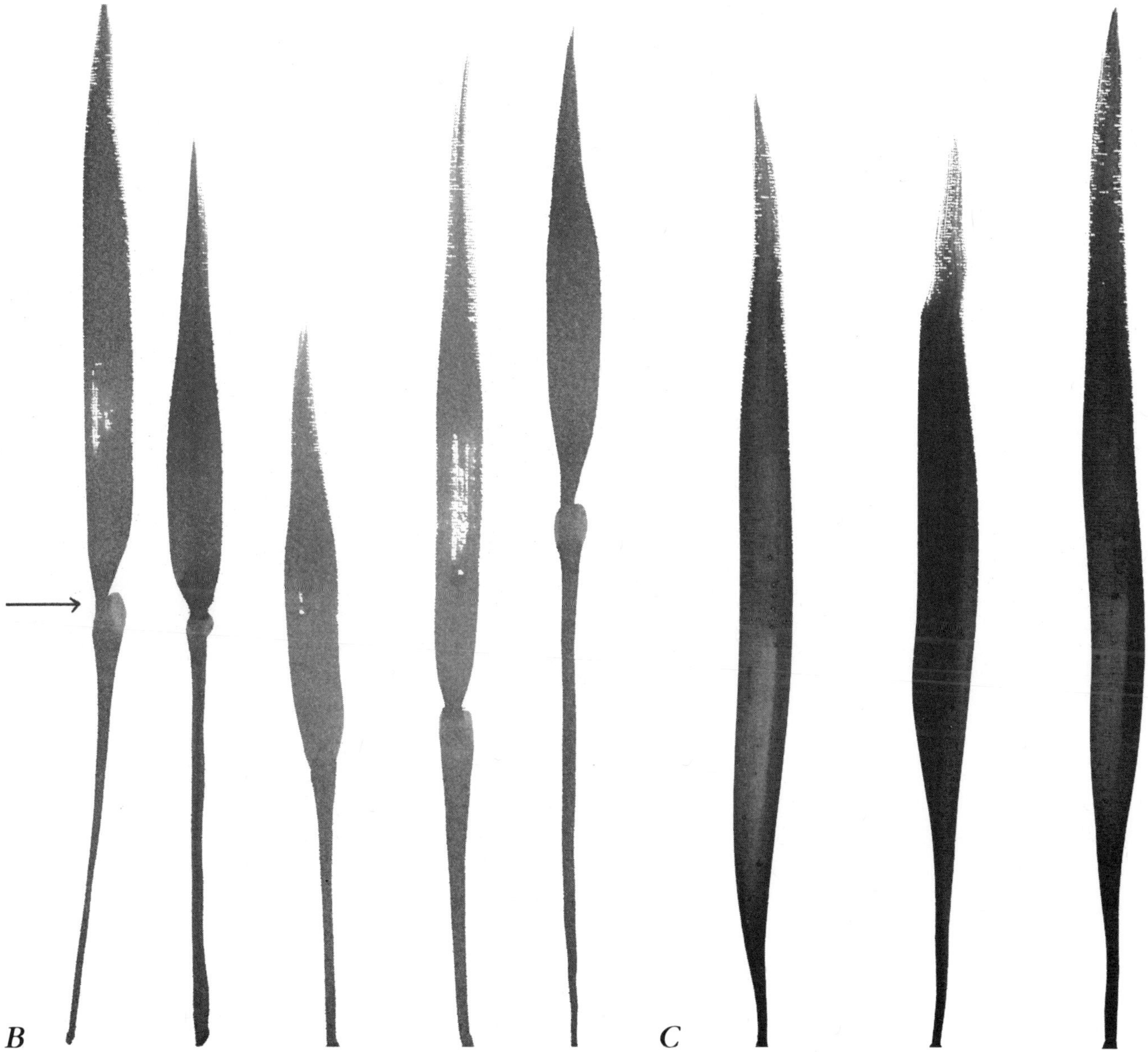
B
C

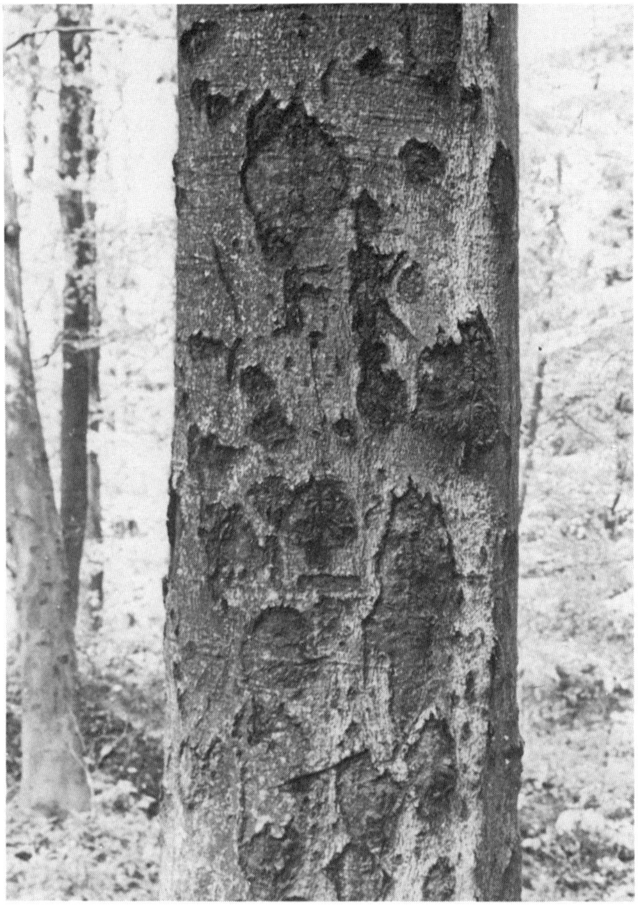

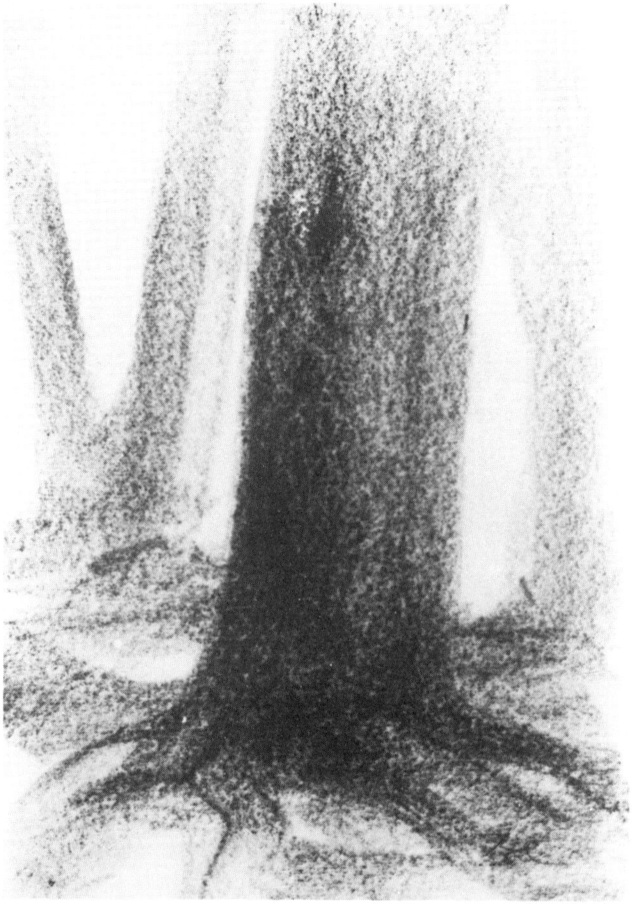

BAUMSTRUKTUREN

Der senkrechte Richtungsverlauf des Baumstammes wird durch vorspringende und zurückweichende Begleitlinien belebt. Der Querschnitt des Stammes zeigt die gleiche rhythmische Tendenz: Die Jahresringe weichen ab von der exakten Kreisform.

MEDITATIVES ZEICHNEN DER BAUMSTRUKTUR
Wachskreidezeichnung auf rauhem Papier. Die Dunkelheiten (und damit die plastische Form) entstehen durch behutsames Kreisen mit der Kreide. Konturen ergeben sich durch die Kanten des Kreideblocks.

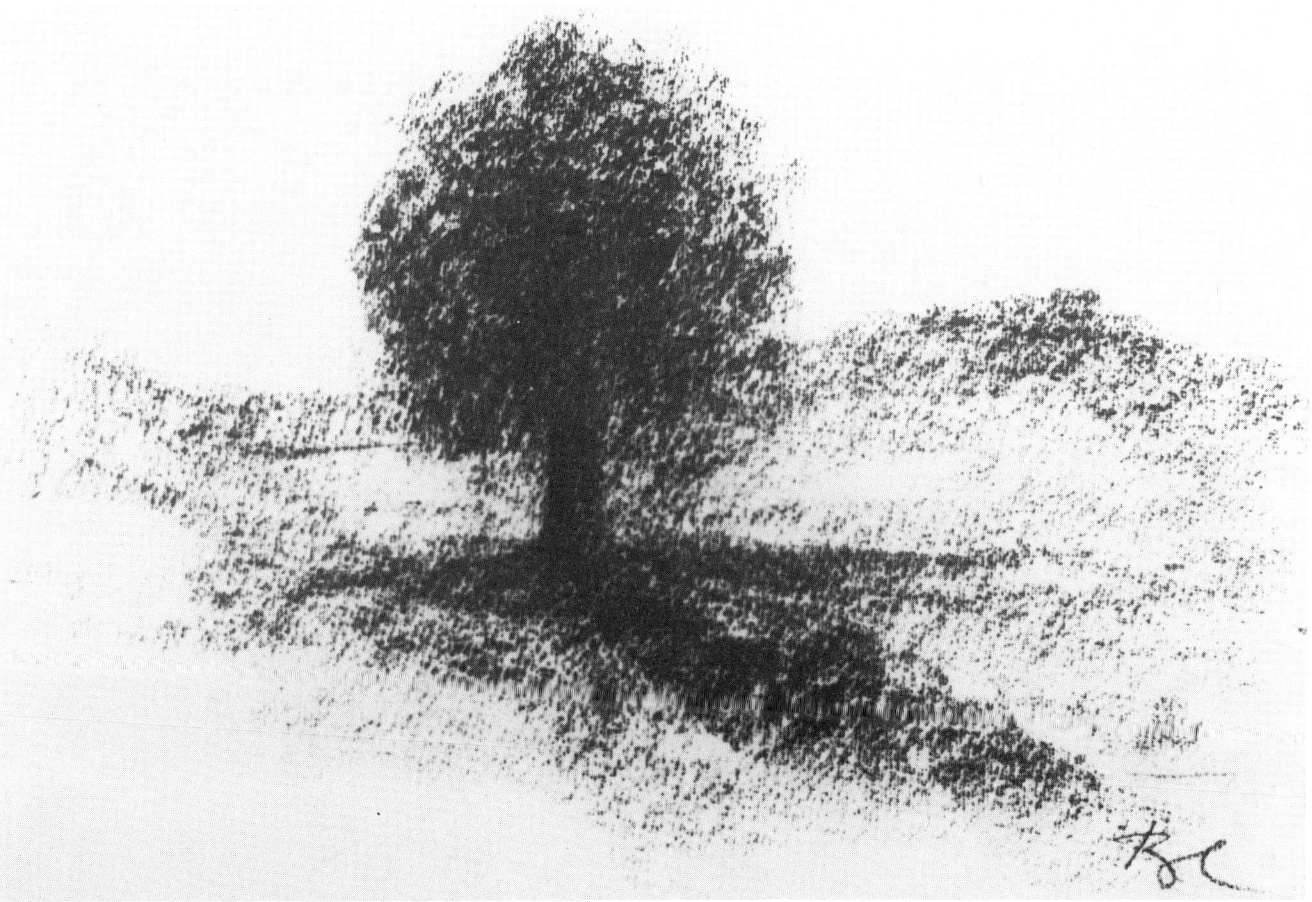

LANDSCHAFT
Wachskreidezeichnung auf rauhem Papier. Das Verdichten und Auflösen der Strukturen von Grau zu Schwarz geschieht im Einklang mit der Entstehung der Naturform, mit dem Erfassen der charakteristischen Proportionen.

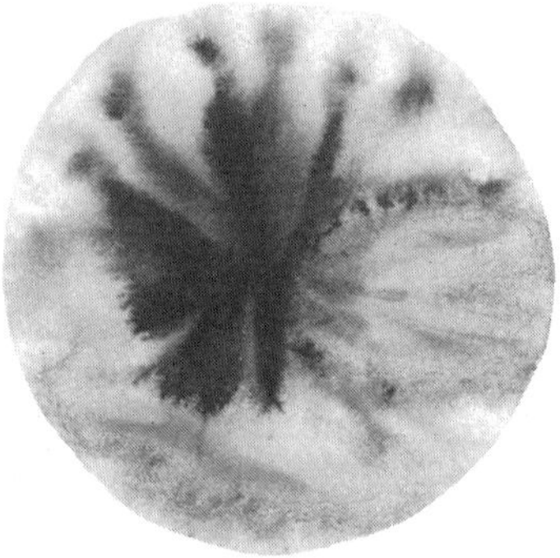
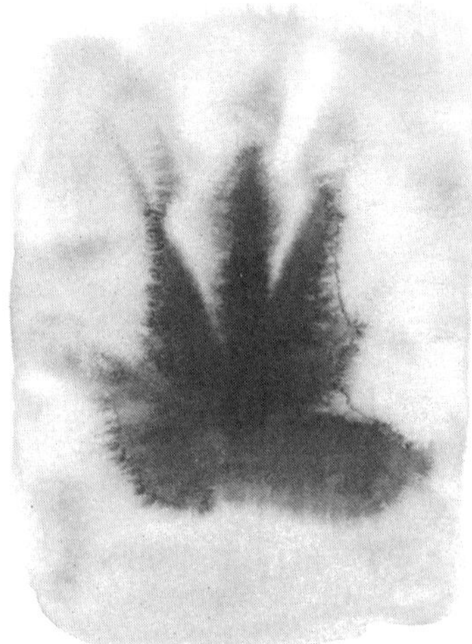
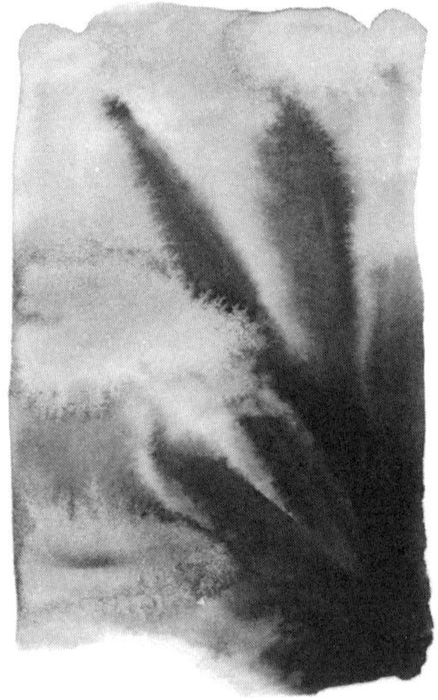
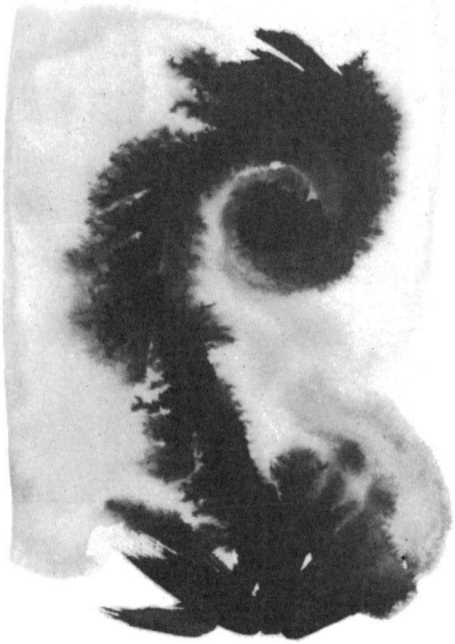
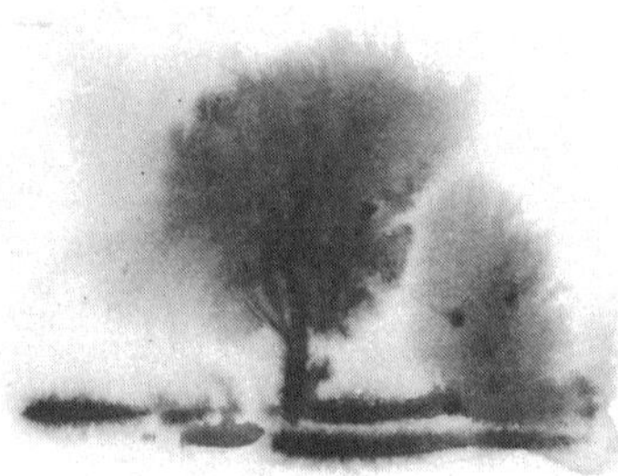

BÄUME – STRUKTUREN

Die Formenvielfalt des Organischen bestimmt auch diese einfachen Rhythmogramme.
Arbeitsmaterial: Aquarellpinsel, schwarze Deckfarbe, angefeuchtetes Ingrespapier.
Punkt – Strahlung, Horizontale – Vertikale, Linie – Fläche, alles ergibt sich durch das eigene rhythmische Potential, das auf das ausführende Werkzeug, den Pinsel übertragen wird.

ABLAUF DER ÜBUNG
Ingrespapier (oder Aquarellpapier) in kleinen Formaten mit Wasser tränken, bis das Papier ganz glatt aufliegt (Glasplatte als Unterlage!). Die Oberfläche nach kurzer Zeit abtupfen, bis nur noch ein dünner gleichmäßiger Wasserfilm vorhanden ist. Die Hand führt den mit schwarzer Deckfarbe gefüllten Aquarellpinsel in einer einfachen Bewegung über das Papier: Spirale, Stamm und

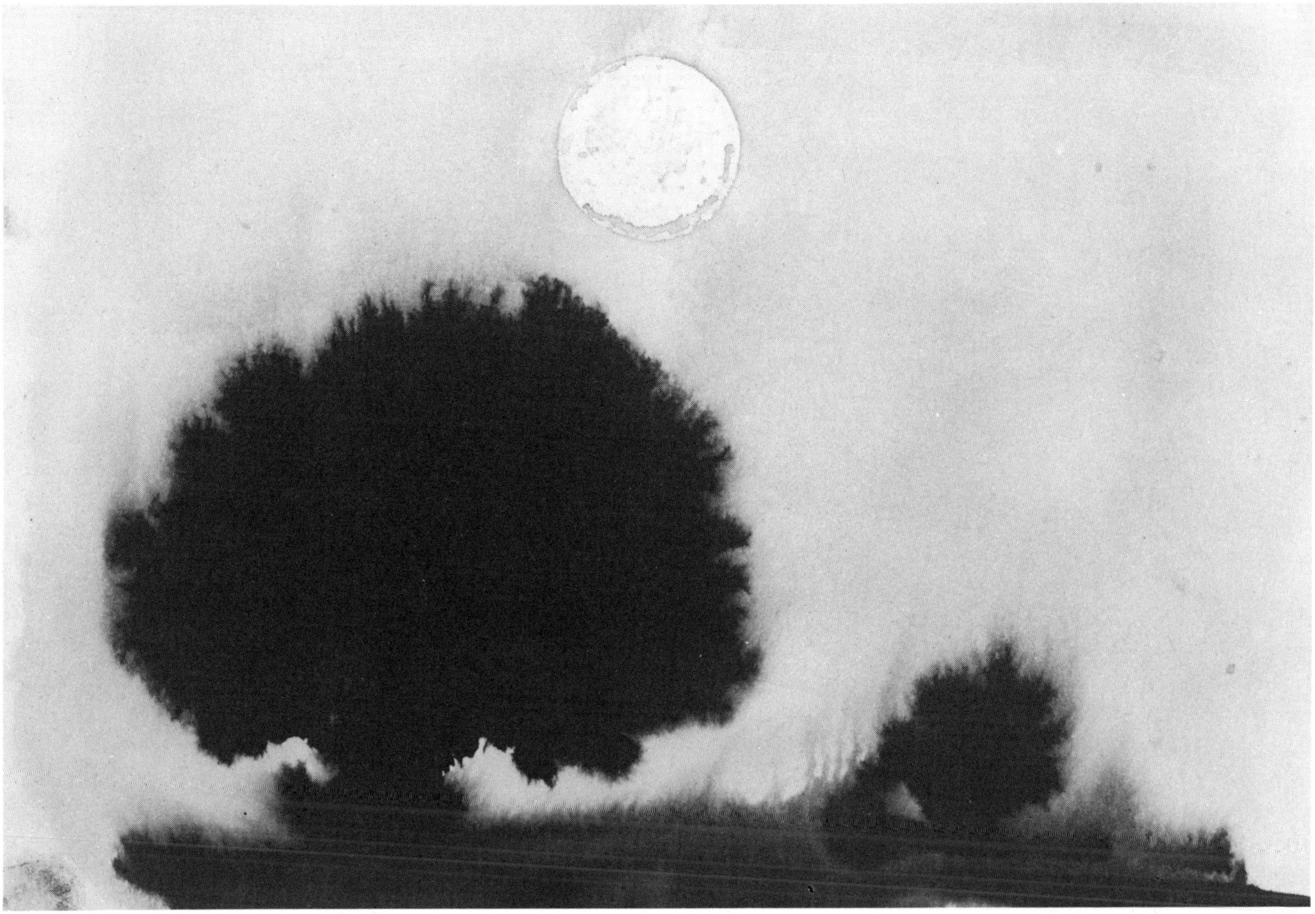

Baumsilhouette, Blattfächerung. Bei einem Stamm den Pinsel zart aufsetzen, bei der Baumkrone Druck geben und Farbe ausfließen lassen. Das physikalische Verhalten der Farbe entspricht den Naturvorgängen. Die Reproduktionen entsprechen annähernd der Originalgröße der Zeichnungen. Trotz ihres bescheidenen Formats demonstrieren sie Vitalität und Selbstverständlichkeit der Natur.

ABBILDUNG OBEN (schwarze Deckfarbe auf nassem Papier)
Formzentren und feine Übergänge zum Umfeld vermitteln den Eindruck des Natürlichen, obwohl alle Details fehlen.
Der Mond wurde vorher mit weißer Wachskreide auf das noch trockene Papier gezeichnet. Auch diese Zeichnung ist in der Originalgröße wiedergegeben.

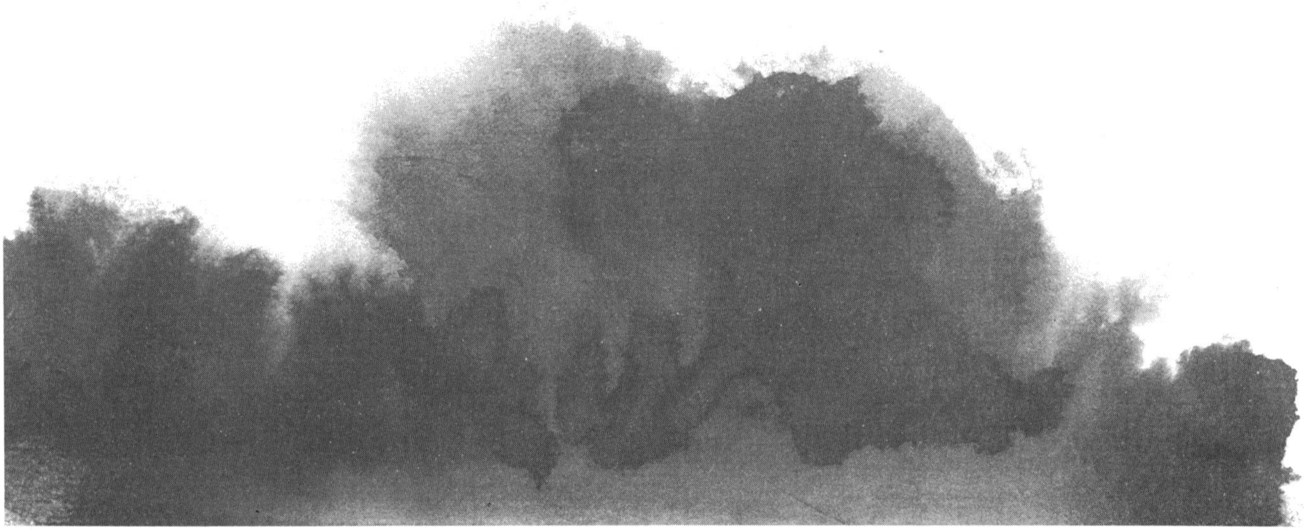

BAUMSILHOUETTEN, RHYTHMOGRAMM
Zeichnen Sie die Umrisse der Baumgruppe dünn mit Bleistift vor. Tränken Sie das Aquarellpapier von der unteren Blattkante bis zur Begrenzung der Umrißlinien reichlich mit Wasser. Lassen Sie dann die Deckfarbe oder die Tempera im nassen Teil des Papiers ausblühen. Korrigieren Sie die Farbverläufe durch Abtupfen mit einem Papiertuch oder einem saugfähigen Lappen.

LANDSCHAFT AM SEE
Die Pinselzeichnung rechts auf angefeuchtetem Aquarellpapier zeigt die Gesamtform einer Landschaft. Das Bergmassiv wurde mit einem breiten Flachpinsel in verdünnter schwarzer Tempera angelegt.
Die Pinselführung betont die Senkrechte. Die Baumsilhouetten des Bergkamms sind durch das Auftragen unverdünnter Farbe entstanden. Überschüssige Farbe wurde mit einem Mallappen abgetupft. Die Wasserspiegelung ist das Ergebnis von zunächst senkrecht und dann, die Farbe vertreibend, waagrecht angelegter Führung des Flachpinsels. Haben Sie Mut zur Einfachheit!

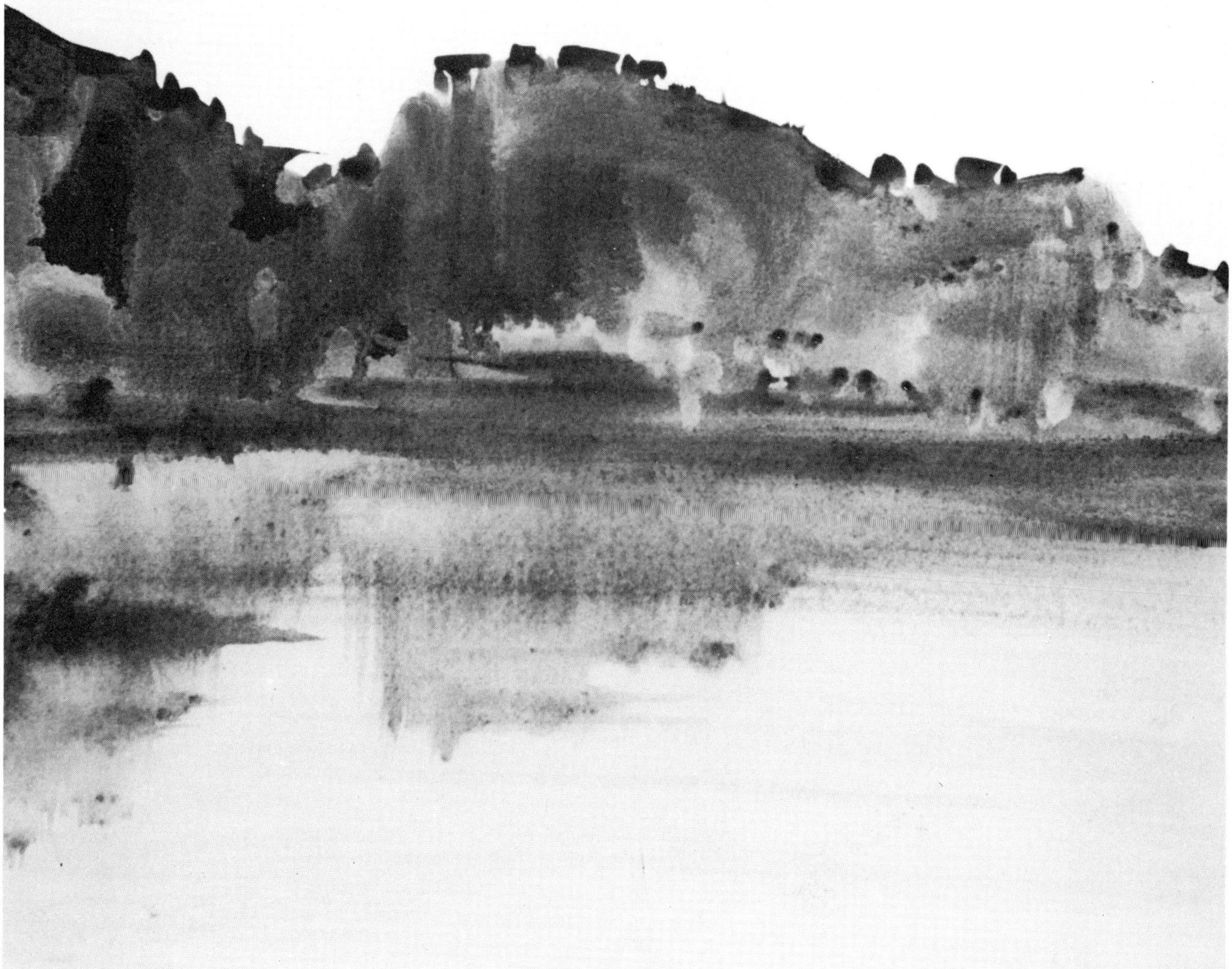

KRISTALLINE FORMEN, FORMBLÖCKE

Jede Form strahlt aus und tritt in Beziehung zu ihrem Umfeld. Die Rhythmogramme auf diesen beiden Seiten sind Beispiele für die optische Expansion in den Raum der Natur oder in die Fläche des Bildes. In der meditativen Wahrnehmung und graphischen Umsetzung erkennen wir die Formelemente.

ABBILDUNG A
Lineares Rhythmogramm einer kristallinen Form, freihändig mit der Plattenfeder gezeichnet.

ABBILDUNGEN B UND C
Umrisse von Steinen und Weiterentwicklung ihres Formcharakters durch lineare Begleitformen und Spiegelungen.

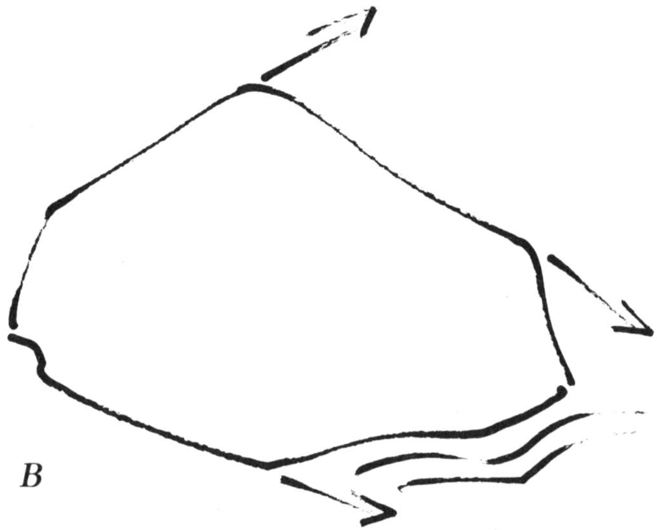

B

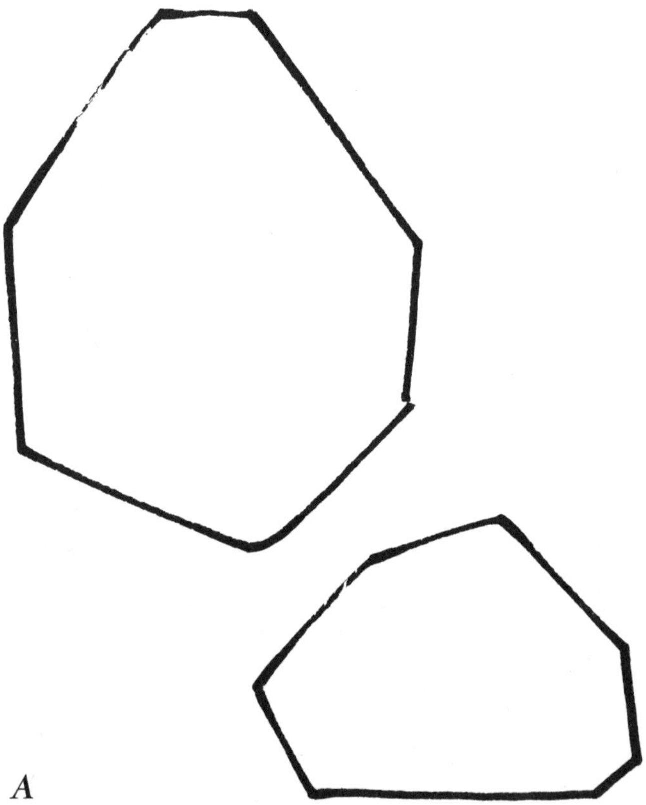

A

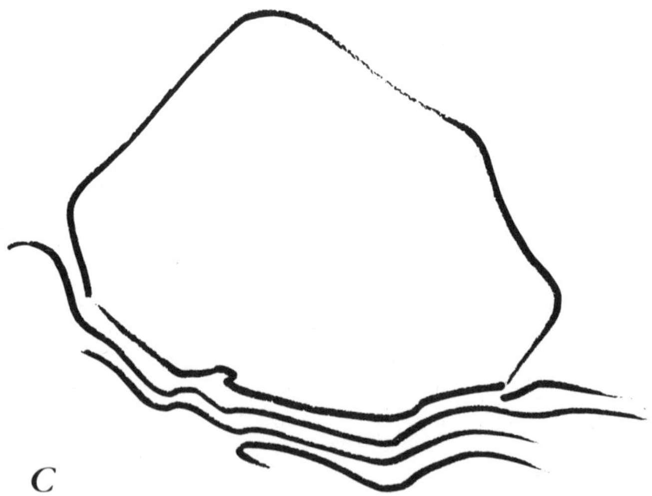

C

ABBILDUNG D
Durch weitere lineare Strukturen und Begleitformen ergibt sich eine plastische Tendenz.

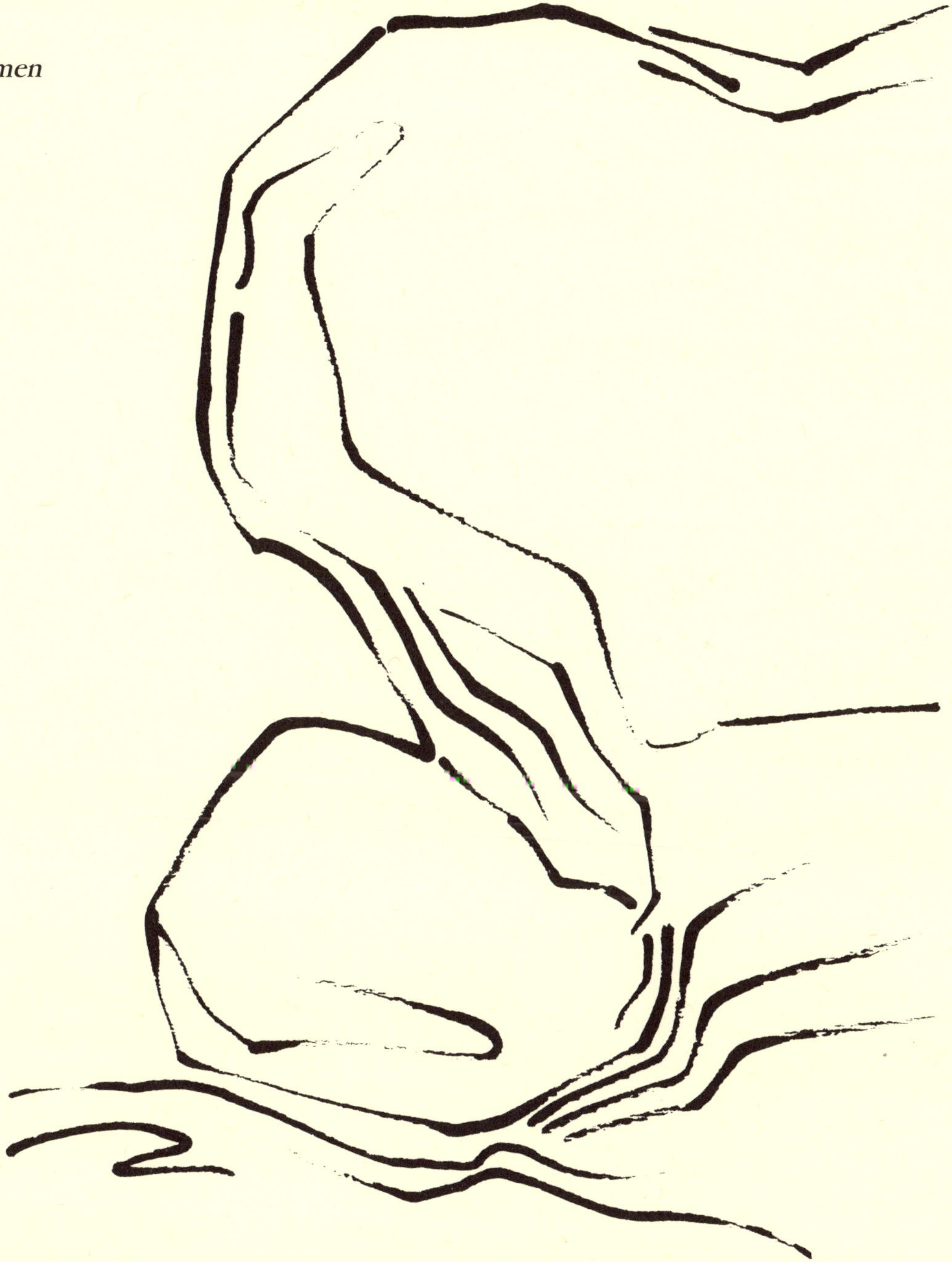

D

NEGATIVE BEISPIELE

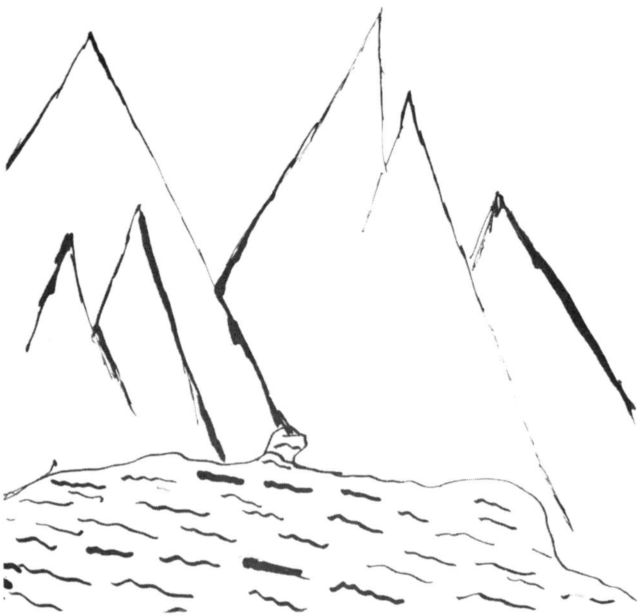

MEDITATIVE ZEICHENÜBUNG

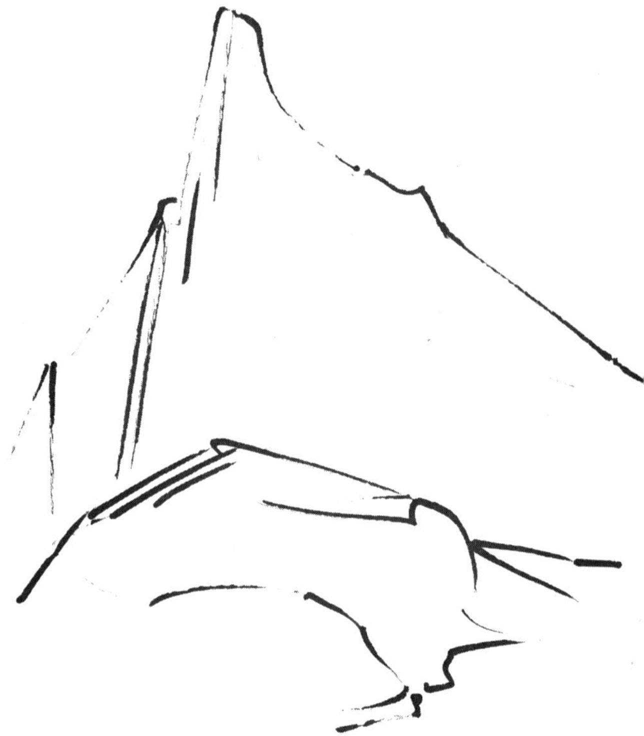

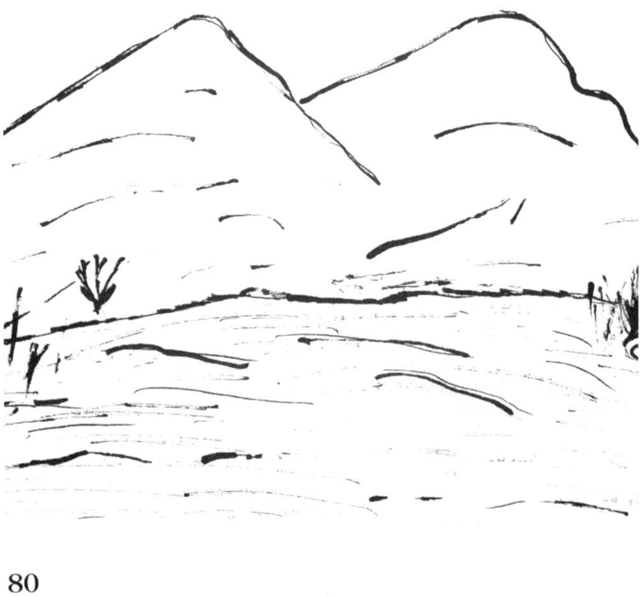

STATISCHE NATURSTRUKTUREN

Die Zeichnungen links sind vor Beginn der meditativen Übungen entstanden, Thema: Berge und Wasser. Sie brauchen eigentlich keinen Kommentar. Es handelt sich hier auch nicht um besonders ausgewählte Negativbeispiele, sondern um die Spiegelung eines allgemeinen Zustandes, der weder alters- noch gruppenspezifisch begrenzt ist. Die Gesamtform der Berge erscheint als stereotype Reihung spitzer Dreiecke ohne rhythmische Variation. Das Wasser am Fuß der Berge wird durch eine verkürzte Wellenformel dargestellt.

sich die spannungsvolle Asymmetrie der Richtungsverläufe als selbstverständliches Formgesetz eingeprägt hat.
Vergleichen Sie die meditativen Zeichnungen immer wieder mit dem Naturbild.
Die Zeichnung unten hat den natürlichen Rhythmus der kristallinen Strukturen aufgenommen.

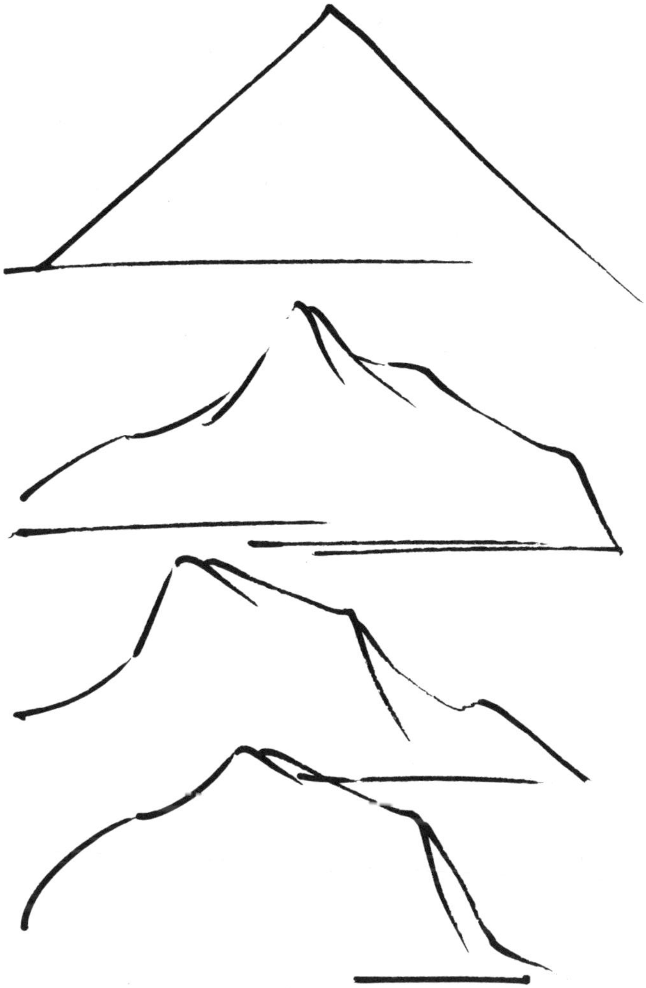

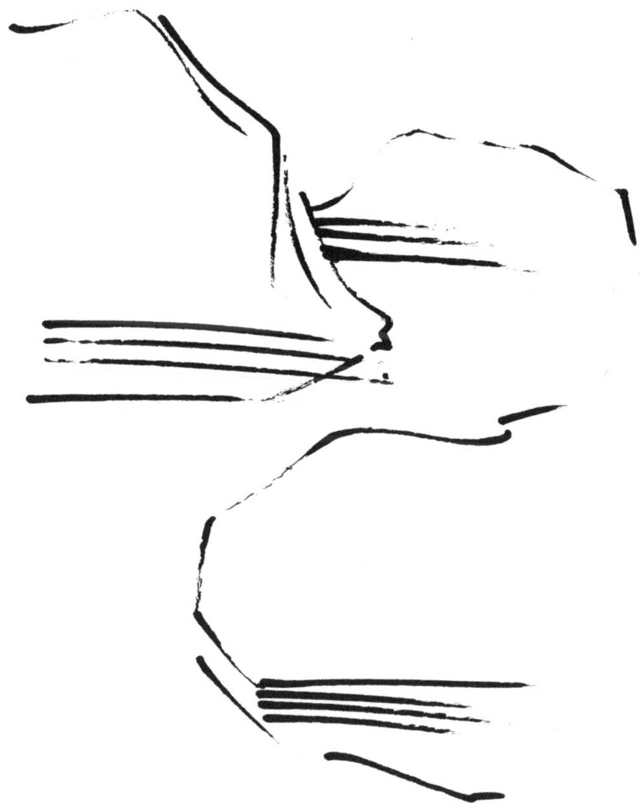

GEBIRGSFORMATIONEN
Bei diesen Rhythmogrammen gehen wir vom Grundsystem des Bergkegels aus und entwickeln rhythmische Abweichungen und Variationen. Die Konturen der Berge in einem Zuge zeichnen, bis

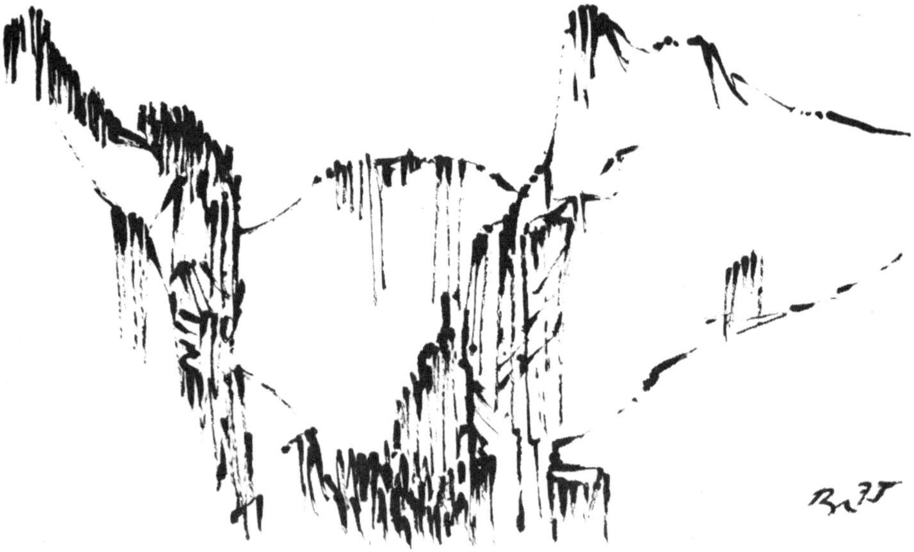

Landschaft bei Bad Reichenhall, gezeichnet mit Feder und Tusche.

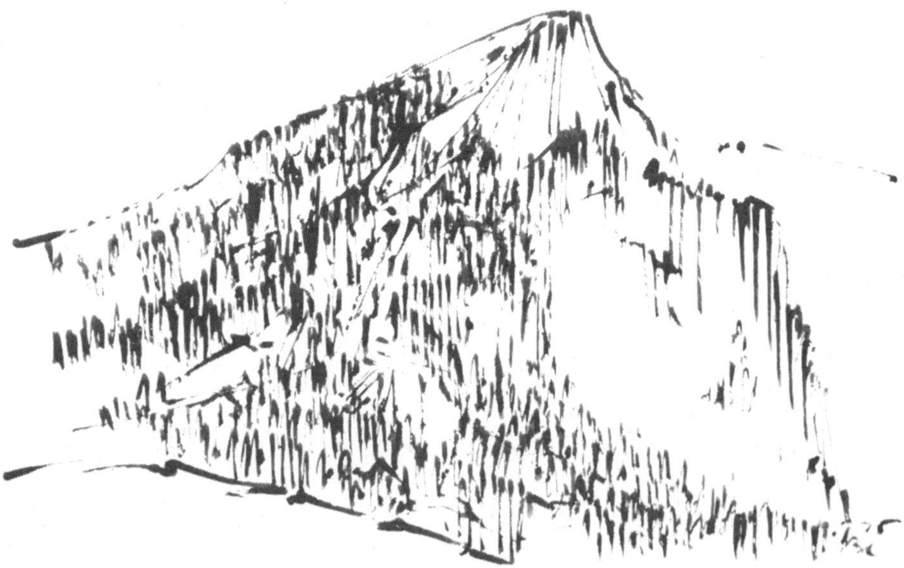

Bergformation mit Binnenstrukturen.

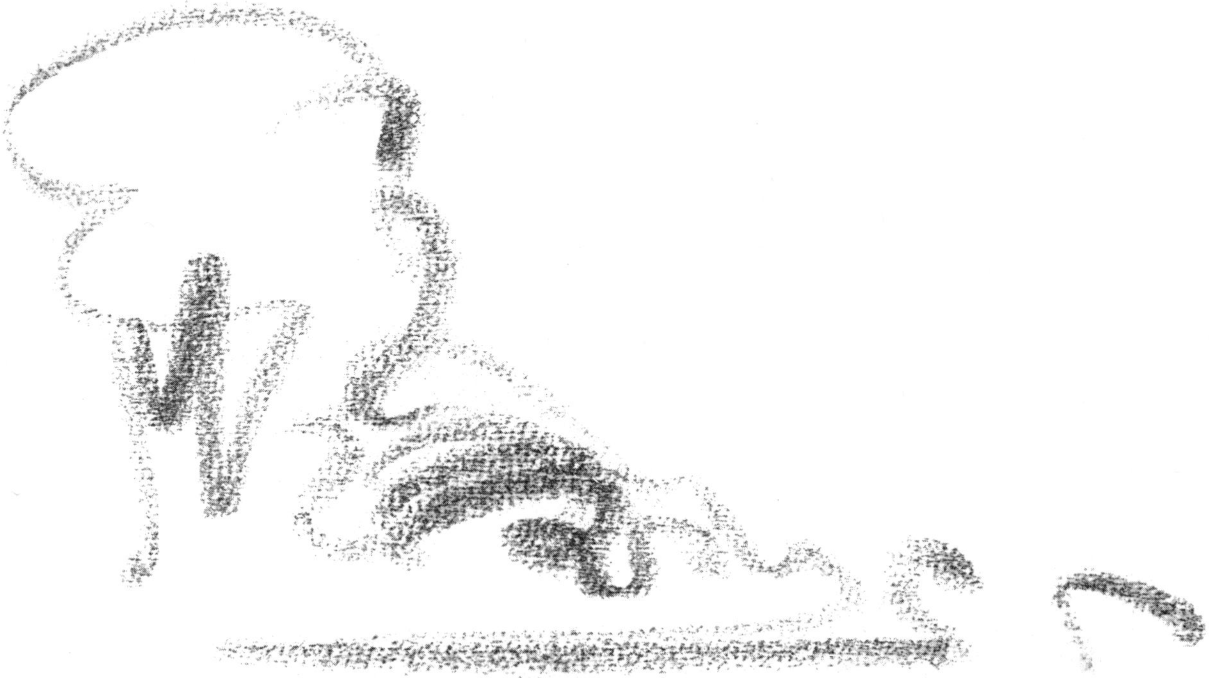

LANDSCHAFTEN

Landschaften sind Zusammenklänge von kristallinen und organischen Formbildungen, die wir in den vorangegangenen meditativen Zeichenübungen behandelt haben. Landschaften binden also gegensätzliche Elemente zur Komposition. Je üppiger und feiner die Formenvielfalt einer Landschaft, umso mehr ist unsere Wahrnehmungskraft herausgefordert, das verbindende Grundprinzip zu erkennen, den Plan des Ganzen. Dies kann sowohl Gegenstand analytischer Abstraktion, als auch Angebot zur meditativen Verbindung sein. Die letztere läßt uns das Unwesentliche und Zufällige des Eindrucks vergessen, bewahrt den großen Zusammenhang. Versuchen Sie in Ihren Landschaftszeichnungen ein Maximum des Formausdrucks mit einem Minimum der Mittel zu erreichen, einfach zu sein! Aus diesem Grund auch rate ich Ihnen zur Verwendung von Tusche und schwarzer Tempera, zu nur einer Farbe also. Sicher können Sie für alle Pinselübungen auch Farbmischungen, Farbkombinationen verwenden. Das Wichtigste jedoch bleibt die Strenge der Form, die das Wesenhafte des Themas betont.

BAUMSILHOUETTEN
Tuschzeichnung (Rhythmogramm) mit breitem Flachpinsel auf feuchtem Ingrespapier. Der obere Saum der Landschaftsformation zeigt das, dem Formcharakter der Bäume entsprechende Ausblühen der Farbe in den Bildraum. Überschüssige Farbe wird abgetupft.

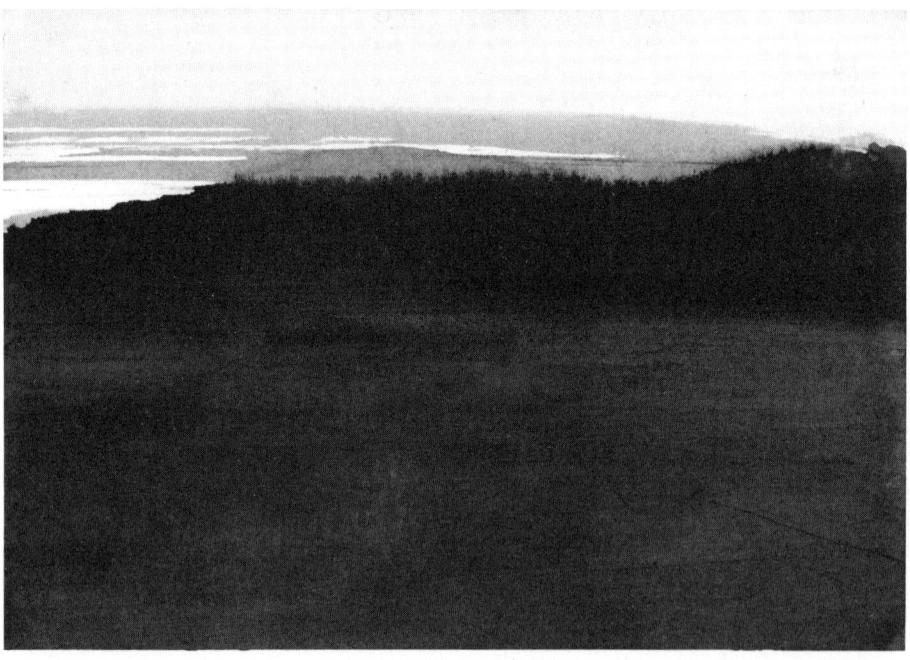

LANDSCHAFT AM MEER
Rhythmogramm auf nassem Aquarellpapier. Die Form wird – ohne abzusetzen – mit einem großen Pinsel von links nach rechts gezogen.

HELL-DUNKEL-KONTRASTE
Unterschiedliche Wirkung mit einfachen Mitteln: schwarze Deckfarbe, mit dem Flachpinsel auf nasses Papier aufgetragen. Die Horizontlinie entsteht durch eine entschlossene waagrechte Bewegung mit dem fast leeren Pinsel.

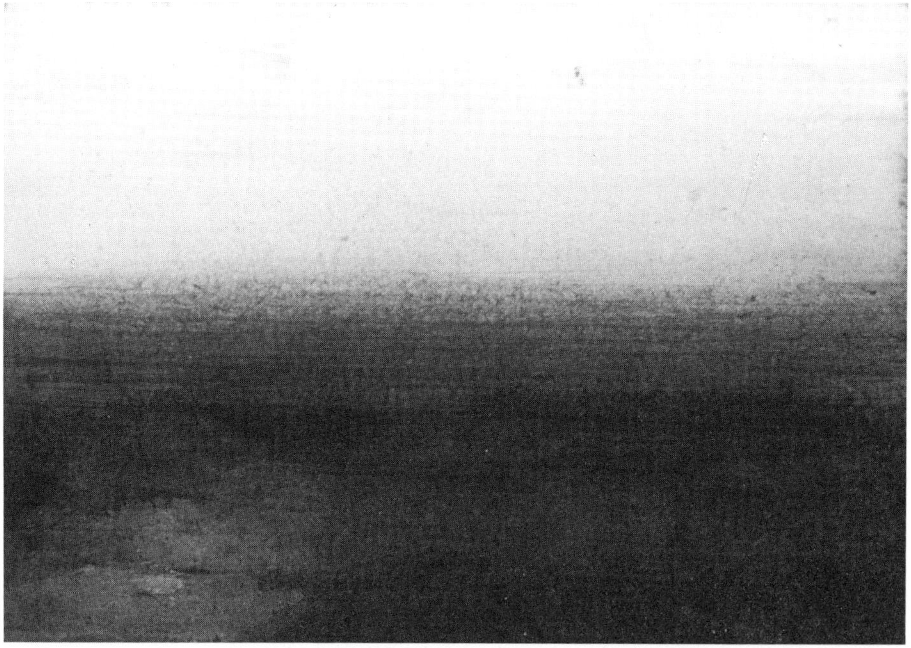

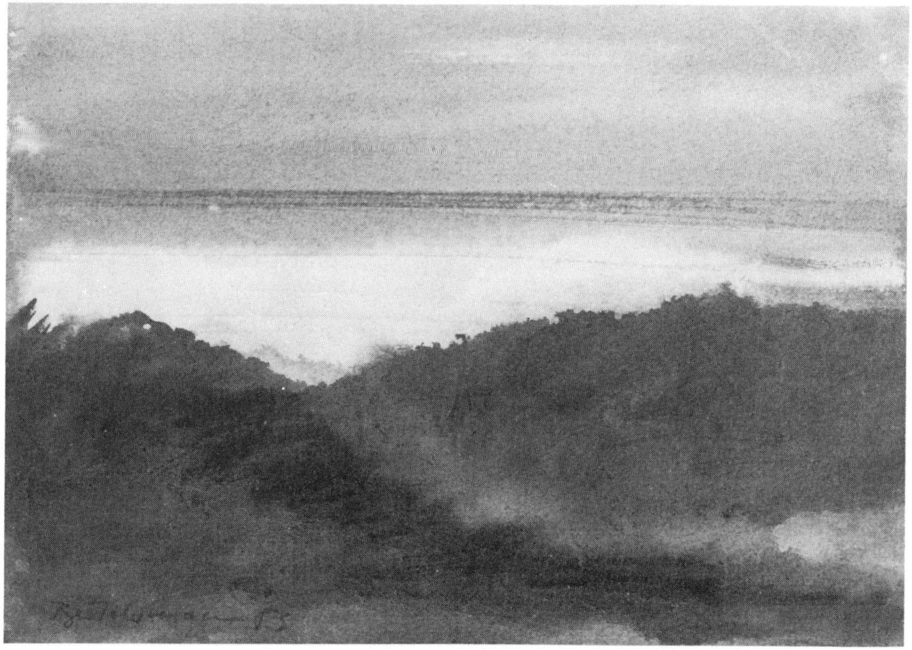

FORMSCHWINGUNG UND WAAGRECHTE DES HORIZONTS
Begrenzung des landschaftlichen Formverlaufs durch Abtupfen überschüssiger Farbe: Deckfarbe auf nassem Aquarellpapier.

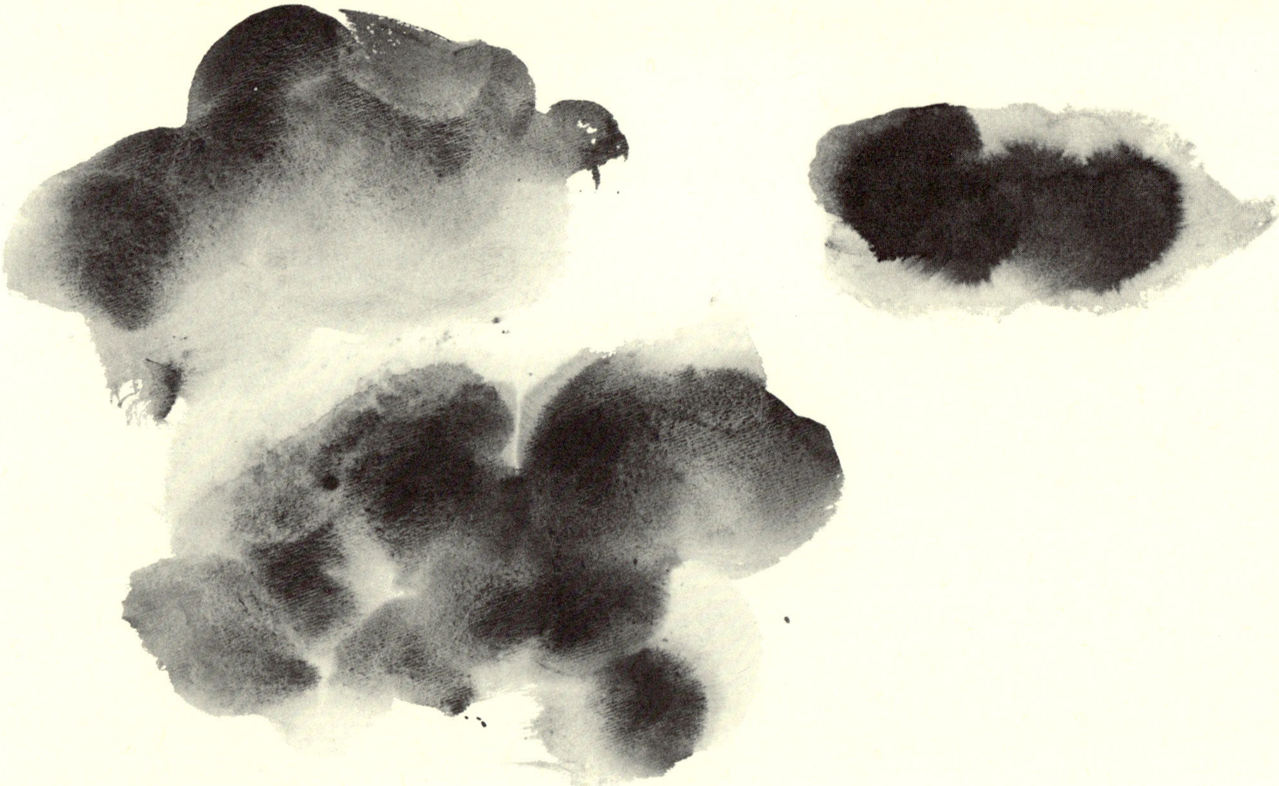

WOLKENBILDUNGEN

In seinen letzten Lebensjahren, die ihn mehr und mehr die Verbindung seiner künstlerischen und naturwissenschaftlichen Erkenntnisse suchen ließen, hat Goethe den Wunsch geäußert, „nur Wolken und immer wieder Wolken" malen zu wollen, wobei ihn die Schönheit dieser flüchtigen Gebilde in erster Linie faszinierte. Wolken sind Sinnbilder einer ohne Hindernis und Begrenzung entstehenden Formwelt, unaufhörlicher Metamorphose. Das weiche Auftupfen und Fließenlassen der Farbe auf dem wassergetränkten Papier zeitigt ähnliche physikalische Reaktionen, wie wir sie im Luftraum beobachten können. Jeder bewußte, harte Pinselstrich würde den Fluß der Formen zerstören.
Die getupften Wolkenformationen entsprechen dem Ausdruckscharakter des Naturbildes. Die Rhythmogramme entstehen mit einem 3 cm breiten Ringpinsel und schwarzer Tempera auf nassem Aquarellpapier. Den Pinsel senkrecht aufsetzen und in einer Drehbewegung wegnehmen. Nicht seitlich wegziehen, da sonst Linienstrukturen entstehen.

MEERESLANDSCHAFT „AUF AMRUM", 42 × 60 cm
Mit breitem Flachpinsel auf nasses Aquarellpapier aufgetragene Tempera. Die entschlossene Waagrechte des Formverlaufs betont die durch nichts unterbrochene Weite der Sandfläche zum Meer. Aufhellen einzelner Partien durch Aufnehmen und Wegziehen der Farbe mit dem abgetrockneten Pinsel. Wolken, Ebenen, weite Horizonte sind Themen, die uns auch in der bildnerischen Arbeit durch entsprechende Assoziationen frei atmen lassen.

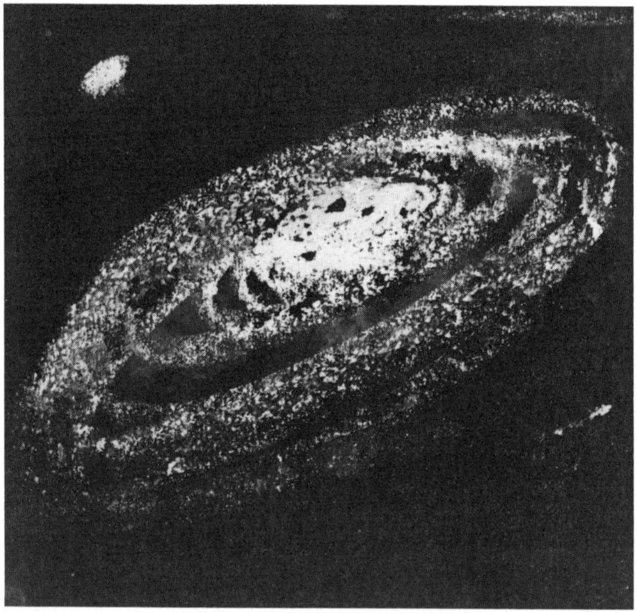

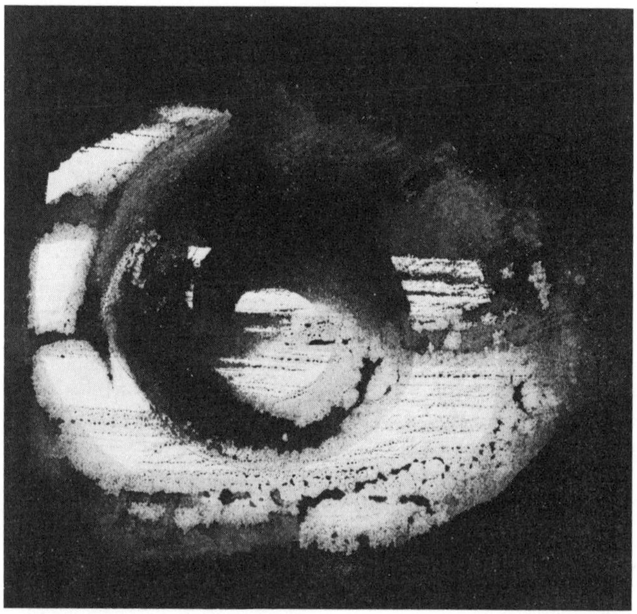

MIT WACHSBLOCK UND TUSCHE GEZEICHNETE RHYTHMOGRAMME

Im Mikrokosmos der mit diesen Mitteln entstehenden Zeichnungen bilden sich Hell-Dunkel-Strukturen in einer Verteilung, die der im Makrokosmos des Raums vergleichbar ist. Allgemein können wir feststellen, daß die formprägenden kosmischen Gesetzmäßigkeiten auch die menschlichen Gestaltungen tragen, solange wir sie nicht blockieren, ihnen vielmehr in unseren Sekundärwelten Raum zur Entfaltung lassen. So bleibt die Verbindung von Natur und Kunstform erhalten.
Zeichnen Sie diese Rhythmogramme mit einem Stearinblock oder dem Rest einer weißen Kerze auf sehr rauhem Aquarellpapier. Sie können den Formverlauf gegen das Licht als glänzende Schicht auf dem Papier sehen. Ziehen Sie in einem zweiten Schritt nur leicht verdünnte schwarze Tusche mit breitem Pinsel über das ganze Papier. Die rhythmische Formgeste tritt jetzt weiß aus dem Dunkel der Tusche hervor. Modulationen des Hintergrundes erreichen Sie durch Abtupfen der Tusche mit einem Papiertuch.

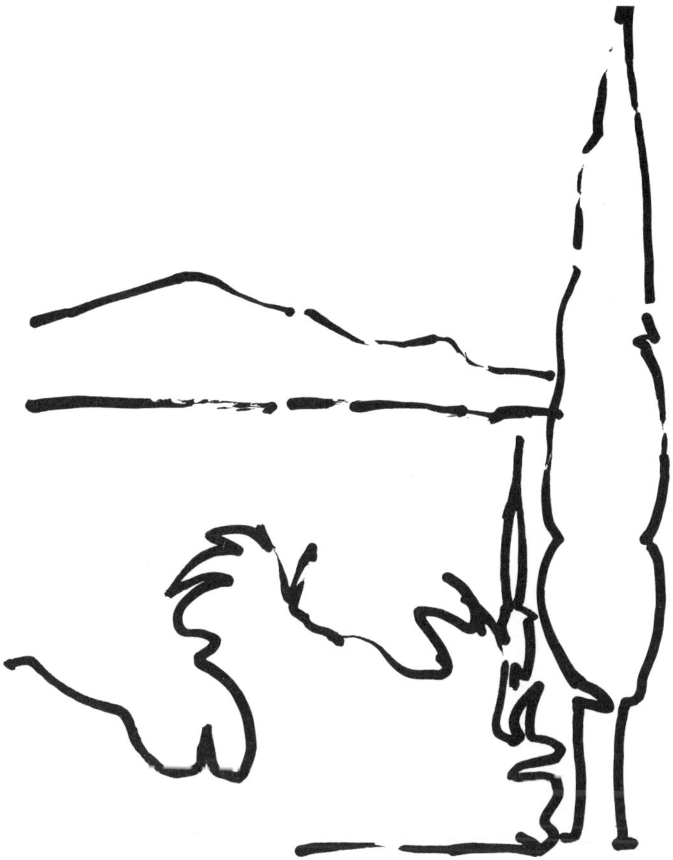 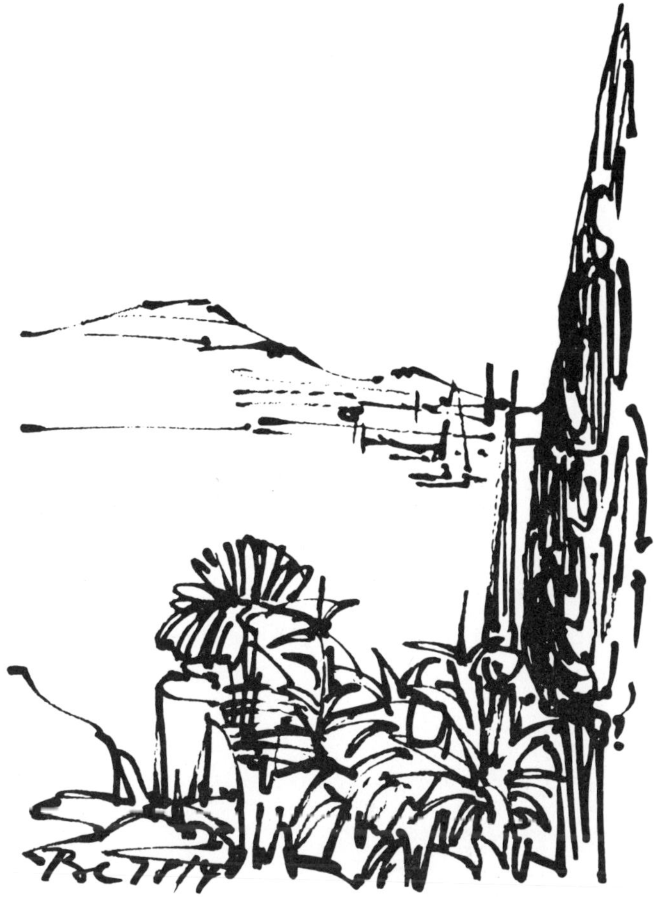

ANLAGE UND DIFFERENZIERUNG EINER LANDSCHAFTSDARSTELLUNG

Das meditative Zeichnen landschaftlicher Rhythmogramme hält zunächst das übergeordnete Formsystem fest, das alle Einzelheiten miteinander verzahnt.
Zeichungen mit einer 2,5 mm breiten Plattenfeder.

Die Formblöcke (Vordergrund = Vegetation, Mittelgrund = Wasserfläche, Hintergrund = Bergmassiv) bilden eine Einheit, wobei die Postivform der Landschaft und die Negativform des Raums von gleicher Bedeutung sind. Nachdem die charakteristischen Formelemente erfaßt und festgehalten sind, erfolgt die Ausarbeitung, die fortschreitende Differenzierung der Formblöcke.

DER MENSCH

Auch das natürliche Erscheinungsbild des Menschen entspricht dem universalen Gesetz der Naturformen.
Das menschliche Ausdrucksvermögen wird jedoch zunehmend durch stereotype Bewegungs- und Verständigungsrituale beeinträchtigt. Wie die Anmut und Vitalität der Pflanzen, sollte es wiederentdeckt werden. Die aufsteigende oder fallende Wachstumsrichtung eines Zweiges, die vielfältigen, um eine Wachstumsachse gruppierten Begleitformen entsprechen den aus seiner Mitte kommenden ungezwungenen Bewegungsabläufen und Körperhaltungen des Menschen, aber auch seinen unverfälschten Denkstrukturen und Sprachqualitäten.
Ohne das innere Verständnis für die natürliche Form, ohne die meditativen Grundübungen fehlt auch die Sensibilität für die natürliche Darstellung.
Das zeigen die unten abgebildeten Zeichnungen vor Beginn der Übungen, die das Thema „Bewegungsbilder des Menschen" hatten. Die Extremitäten, der Bewegungsapparat, wirkt verkürzt und verkrampft. Nach den Grundübungen, den linearen Rhythmogrammen, die die Bewegungslinien des menschlichen Körpers (siehe Abb. Seite 91) festhalten gelingt auch eine anatomische Zeichnung.

NEGATIVE BEISPIELE

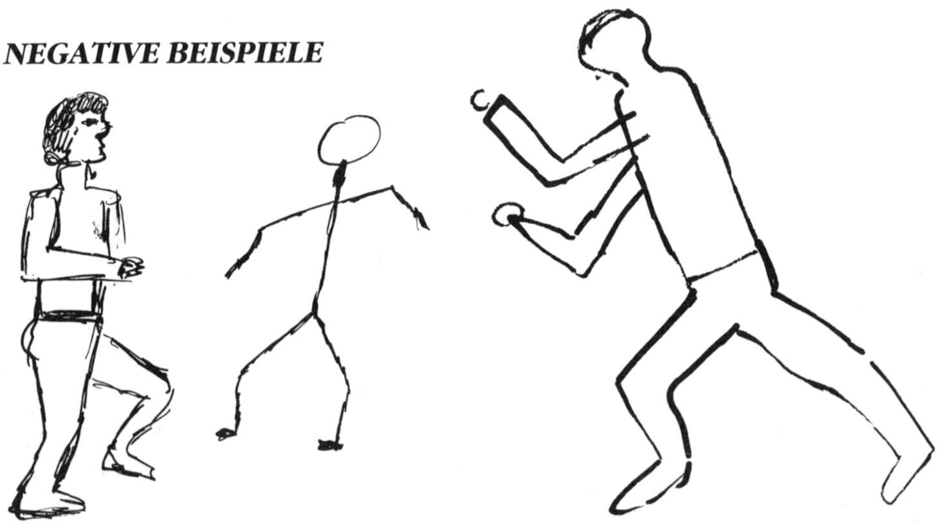

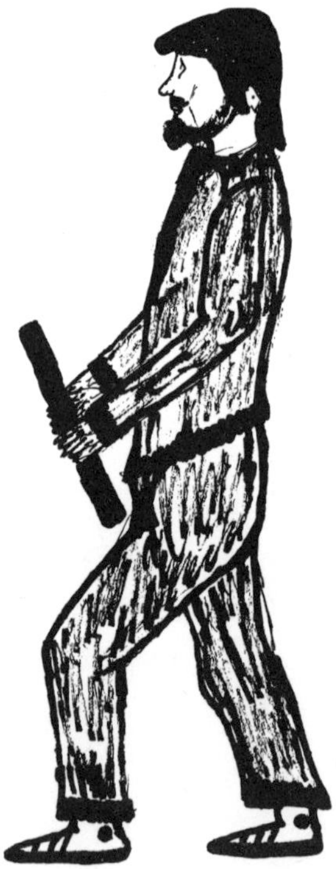

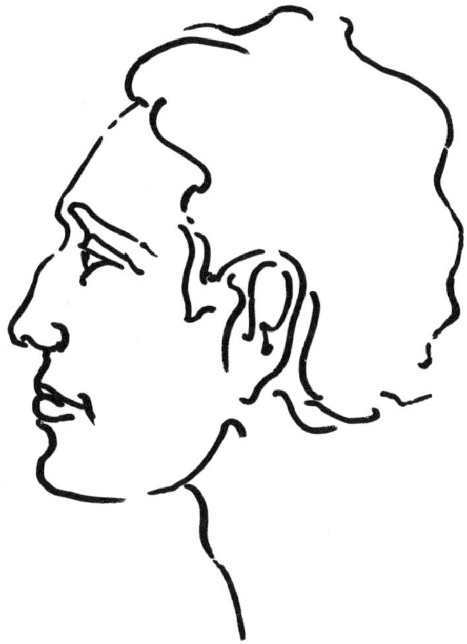

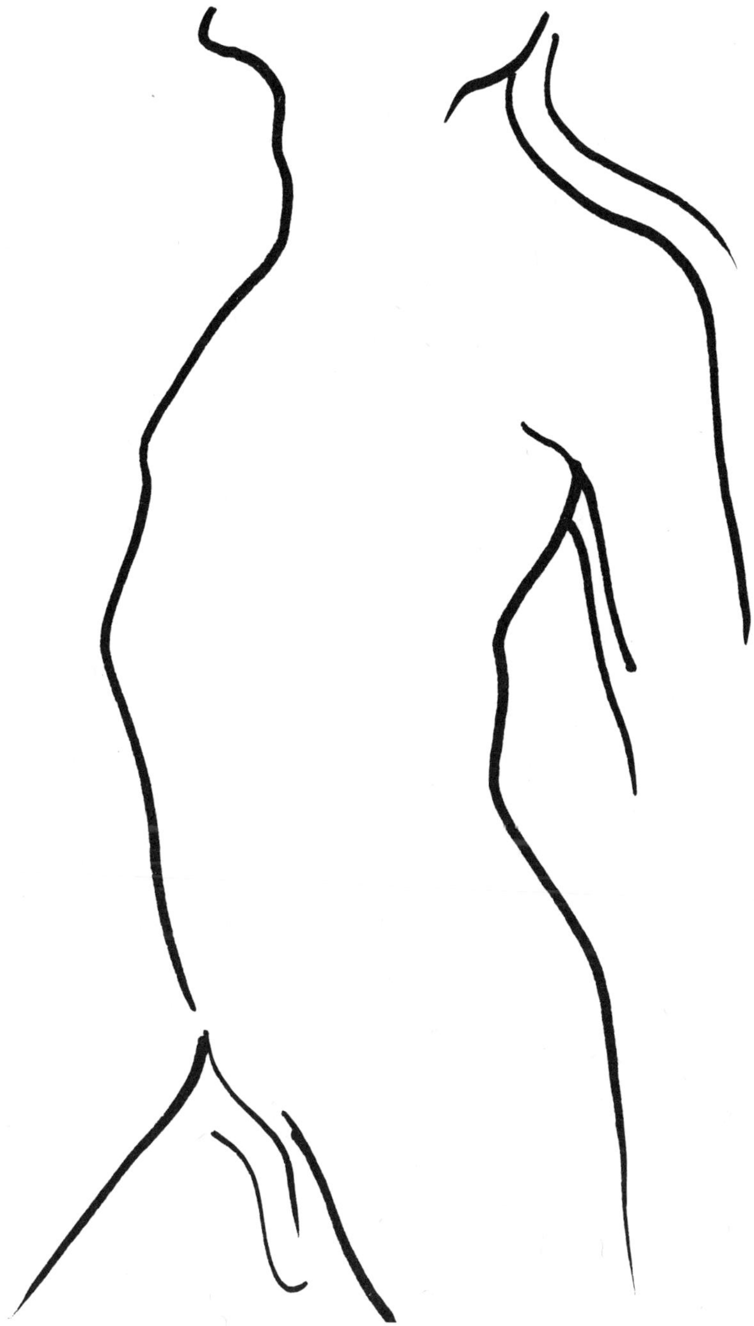

Der natürliche Körperausdruck, Körperhaltung, Gesichtsschnitt, Mimik werden als rhythmische Formverläufe besser erkannt. Schauen Sie sich auch die Rhythmogramme auf den folgenden beiden Seiten an. Es sind Ergebnisse nach meditativen Grundübungen. Die Gruppe der Übenden ist identisch mit der Gruppe, die vorher die auf Seite 90 abgebildeten Figuren zeichnete.

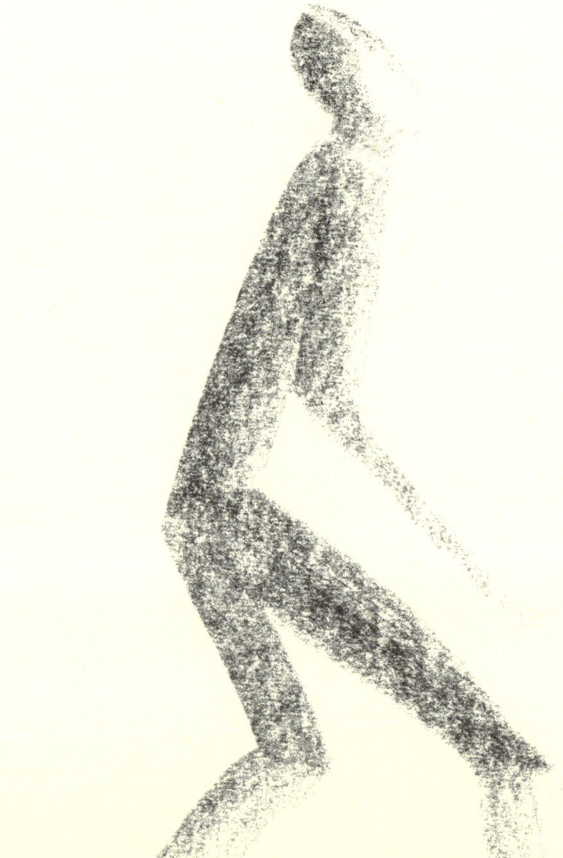

A

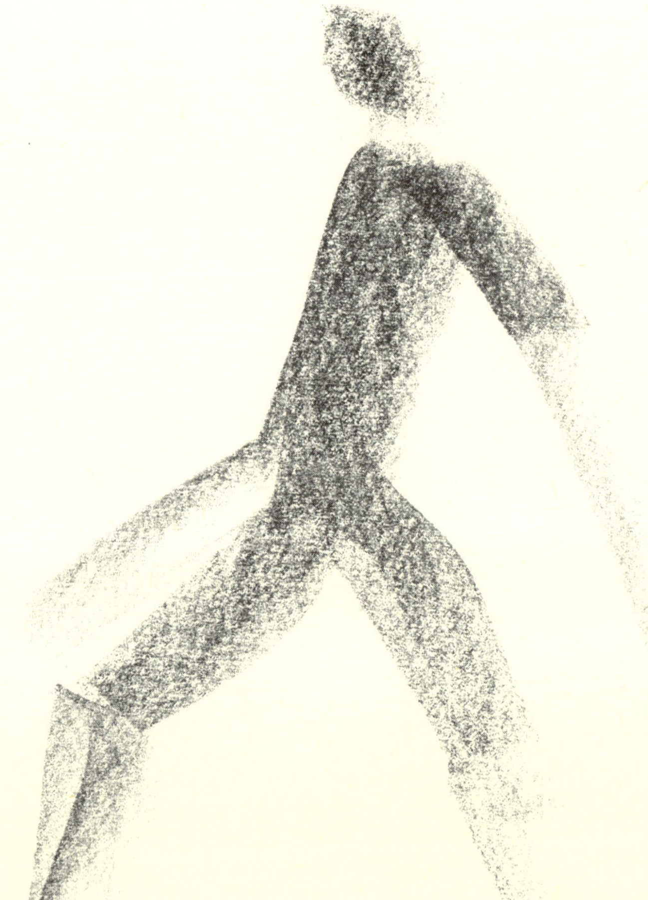

B

ABBILDUNGEN A, B, C
Rhythmogramme der Körperhaltungen und Bewegungsabläufe des Menschen: Ein ca. 3 cm langes Stück Wachskreide flach auf das Papier oder den glatten Zeichenkarton legen. Mit energischem Druck den Kraftlinien des Körperausdrucks folgen. Möglichst in einem Zug zeichnen.

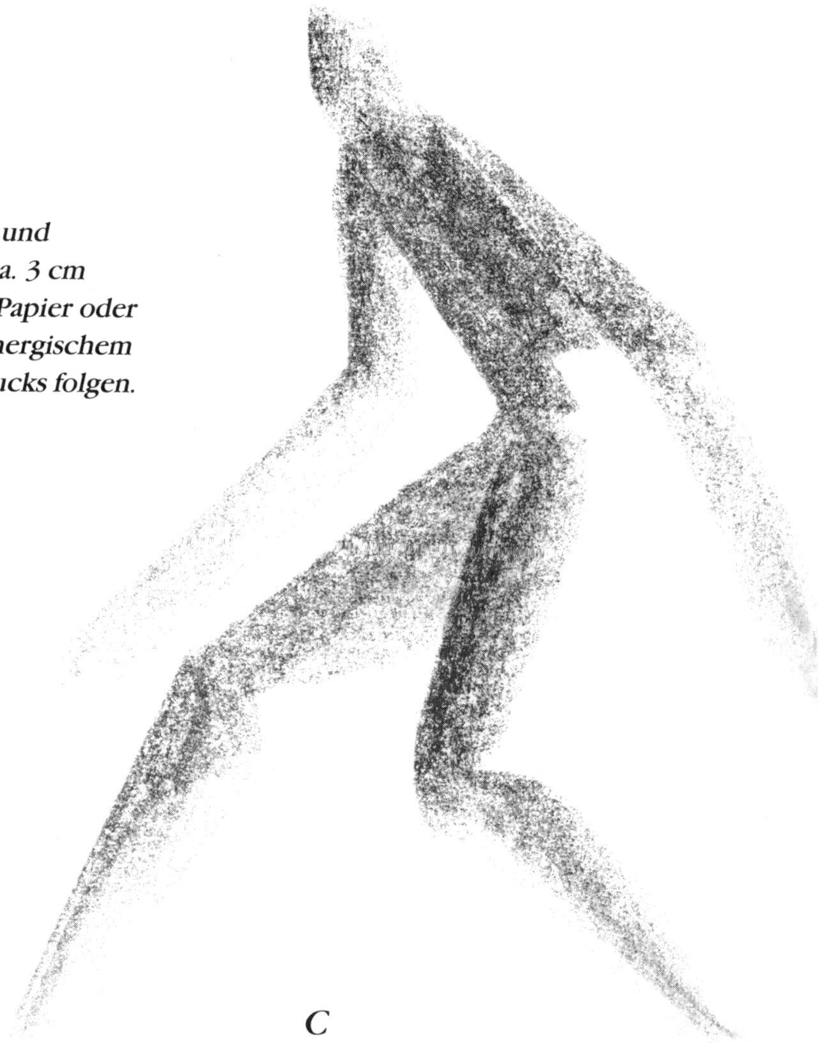

C

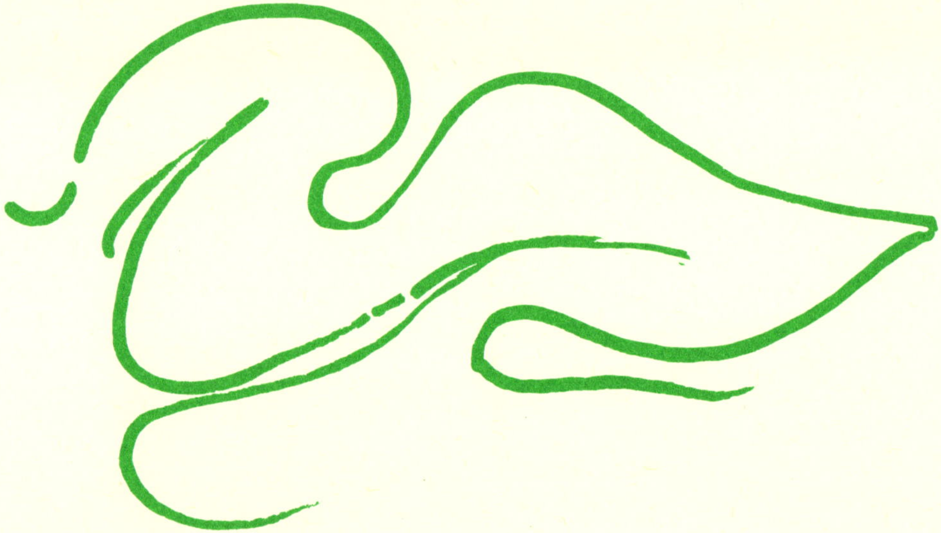

WELLENRHYTHMUS
Teil eines Philodendronblattes. Beachten Sie die Verschiebung der Schwerpunkte in der sich bildenden Flächenform. Die Formtendenz des Blattes läßt sich übertragen auf Gesten, Körpersprache, tänzerische Improvisation.

NACHWORT

Wir sind am Schluß dieses Buches angekommen, aber, wie ich hoffe, nicht am Ende unserer Beziehungen.
Sie werden erkannt haben, daß die Übungen des meditativen Zeichnens nichts mit einer Flucht in die abseitige Idylle zu tun haben.
Die Urgesten der Natur, die Sie mit Hilfe dieses Buches ergründen konnten, mögen Ihre Empfindungsfähigkeit wieder geweckt oder gestärkt haben. Vielleicht haben Sie diese beglückende Regeneration schon in Ihren Alltag eingebaut. Das wünsche ich mir. Schlimm zu wissen, wie oft im Laufe eines Lebens all das auf der Strecke bleibt, was wir als Offenheit und spontanen Ausdruck unserer Kinder kennen und lieben.
Sensibilität für uns selbst, aber auch für andere ist die Voraussetzung für eine freundlichere natürlichere Welt.

Vielleicht darf ich Sie an dieser Stelle auch sehr herzlich einladen, einmal mit mir im Kommunikationszentrum der Stiftung Deutscher Landerziehungsheime, Hermann Lietz-Schule, 6417 Hofbieber, an einem Seminar für Ausdrucksschulung teilzunehmen. Dazu ist keinerlei Vorbildung erforderlich. Schreiben Sie mir, und ich werde Ihnen Termine vorschlagen.

WALDBODEN
Unabhängig von der Beschreibung einzelner Gegenstände können Linien und Flächenformen (Abbildung Seite 95) den Rhythmus, das Maß des Natürlichen aufnehmen.

LITERATURHINWEISE
Eine kleine Auswahl von Büchern zur ergänzenden Information:

Dürckheim, Karlfried von: Japan und die Kultur der Stille. 7. Auflage 1981. O. W. Barth Programm des Scherz Verlages, München.

Dürckheim, Karlfried von: Wunderbare Katzen. Mit Zeichnungen von Klaus Bertelsmann. 5. Auflage 1982. O. W. Barth Programm des Scherz Verlages, München.

Dürckheim, Karlfried von: Meditieren – wozu und wie. 8. Auflage 1985. Herder Verlag, Freiburg.

Nakamura, T.: Das große Buch vom richtigen Atmen. 1984. O. W. Barth Programm des Scherz Verlages, München.

Schwenk, Theodor: Das sensible Chaos. Strömendes Formenschaffen in Wasser und Luft. 6. Auflage 1984. Verlag Freies Geistesleben, Stuttgart.

Munsterberg, Hugo: Zen-Kunst. 1978. Du Mont Taschenbuchverlag, Köln.

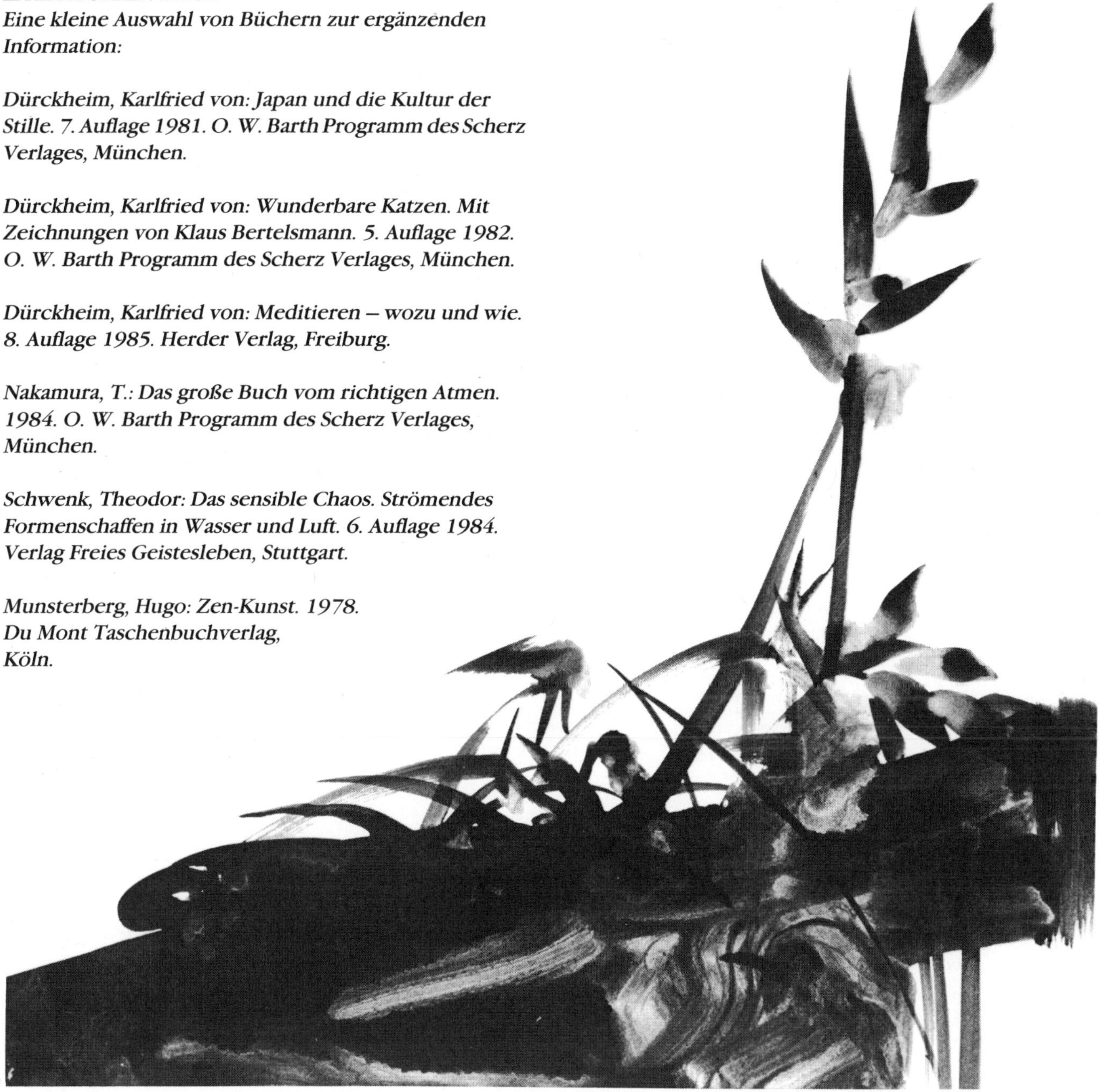

CIP-Kurztitelaufnahme der Deutschen Bibliothek

Bertelsmann, Klaus:
Der Weg zum meditativen Zeichnen: e. Werkbuch /
Klaus Bertelsmann. – Freiburg im Breisgau:
Christophorus-Verlag, 1987.
ISBN 3-419-52715-2

Redaktion und Layout: Theda Schulze-Langendorff

Umschlaggestaltung: Michael Wiesinger

Fotos: Seite 9, Christoph Rau. Seite 15, Raimund Roth. Seite 68, Philipp Bouteiller. Alle übrigen Fotos von Judith Bertelsmann.

Zeichnungen: Seite 14, 56 (Abb. B), 61 (ganz rechts), 68, Michail Faltas. Seite 33, 70, 71, 74, 75, Judith Bertelsmann. Seite 34, 76, Barbara Huth. Seite 46, 47, Petra Schirra. Seite 64, Bärbel Eisvogel. Seite 65 (Abb. C), Kathrin Ebert. Seite 38 – 41, 42 (links), 43, 80 (links), 90, 92, 93, Schülergruppen. Alle übrigen Zeichnungen sind Demonstrationen des Autors.

Satz: Heinz Rebholz, Freiburg i. Br.
Druck und Verarbeitung: Freiburger Graphische Betriebe 1987